EL LIBRO DE LOS ÁNGELES DE SYLVIA BROWNE

JUN - - 2007

Otros títulos en español de Hay House

Hay House USA: **www.hayhouse.com**®

EL LIBRO DE LOS ÁNGELES DE SYLVIA BROWNE

S Y L V I A   B R O W N E

HAY HOUSE, INC.
Carlsbad, California
London • Sydney • Johannesburg
Vancouver • Hong Kong • New Delhi

Dererchos reservados de autor © 2003 por Sylvia Browne

Publicado y distribuído en los Estados Unidos por: Hay House, Inc.,
P.O. Box 5100, Carlsbad, CA 92018-5100 USA • (760) 431-7695 ó al
(800) 654-5126 • (760) 431-6948 (fax) o al (800) 650-5115 (fax) •
www.hayhouse.com

Editado por: Jill Kramer • *Editora independiente del proyecto:* Gail Fink
Diseño: Jenny Richards • *Ilustraciones del interior del libro:* Christina Simonds

Traducido al español por: Adriana Miniño (adriana@mincor.net)
Título del original en inglés: SYLVIA BROWNE´S BOOK OF ANGELS

ISBN 13: 978-1-4019-1680-0
ISBN 10: 1-4019-1680-5

Impresión #1: Septiembre 2006

Impreso en los Estados Unidos

Dedicado a Reid Tracy y Danny Levin...
no porque trabajan en Hay House,
sino porque ellos han sido más que
mis amigos en todos los aspectos;
y quiero agradecerles el haberme
apoyado en tantos momentos difíciles
cuando no tenían que hacerlo.

Contenido

Nota de la autora

Desde que era pequeña, he sentido fascinación y curiosidad por el tema de los ángeles. ¿Existen? ¿Será que las estampas religiosas que me dieron las monjas describen acertadamente su apariencia? ¿Nos convertimos en ángeles cuando morimos?

Teniendo en cuenta que fui católica durante un tiempo, supongo que podría decirse que siempre he tenido tendencia a creer en los ángeles. Quizás todo comenzó con una oración que aprendí cuando chica:

Ángel de mi guarda, mi dulce compañía,
Aquí estoy por el amor de Dios.
Quédate conmigo en este día y por siempre,
Para darme tu luz y tus preceptos, para cuidarme y guiarme.

Mi interés por los ángeles, desde luego, continuó durante mi formación luterana-judía-episcopal. (¿No les dije que fui católica? Lo fui, pero primero, fui luterana, judía y episcopálica; comencé mi vida como un estudio viviente y en progreso de teología.) Con el paso de los años, mi curiosidad por los ángeles combinaba dos cosas aún más importantes que mis oraciones de la infancia y las historias de la clase de catecismo. Primero, hasta donde logro recordar, mis guías espirituales siempre han hecho referencia constante a estos seres celestiales. Y segundo, en mi trabajo como psíquica, innumerables personas me han hablado sobre sus experiencias cercanas a la muerte, proyecciones astrales e incluso sobre regresiones a vidas pasadas, que han incluido todas ellas a esos hermosos seres de luz que los han guiado, los han acogido y han permanecido a su lado.

Para aquellos de ustedes que han leído uno o más de mis libros, lo que les voy a decir puede sonarles un poco redundante, pero, para aquellos que me leen por primera vez, es indispensable hablarles un poco sobre mis antecedentes. Como es posible que sepan, soy psíquica y médium en trance, con habilidades como clarividente y clariaudiente. Nací en 1936 en Kansas City, Missouri, con estas habilidades y jamás he tenido en mi conciencia un sólo día en que estos talentos, que han sido un don de Dios, no se hayan manifestado de una manera u otra. No sé lo que se siente *no* ser psíquica.

Uno de mis dones como psíquica, incluye la habilidad de comunicarme con mis guías espirituales, aquellos seres del Más Allá que me cuidan y me ayudan con mi vida aquí en la Tierra. Todos tenemos por lo menos un guía espiritual, quizás más. Mi principal guía espiritual es

Iena, una mujer indígena azteca a quien llamé con cariño, "Francine", la primera vez que me habló, cuando yo tenía siete años y no podía pronunciar bien su nombre. Ella ha estado conmigo toda mi vida; y nadie podría tener un mejor amigo. También tengo un guía llamado Raheim, un indígena oriental que pasó su última vida como un maestro espiritual. Usándome como un médium en trance (lo cual significa que usan mi cuerpo y mi voz para comunicarse con los demás, mientras que no soy consciente de lo que se dice), estos dos guías me han transmitido incontables horas de información, que ahora conforman una extensa biblioteca de conocimientos del Más Allá.

No asumo el crédito, ni puedo hacerlo por mis talentos, ya que Dios me hizo así. Doctores y científicos han puesto a prueba mis habilidades una y otra vez y se quedan siempre sorprendidos, pero, con toda franqueza, soy mi crítica más severa y la primera en decir que no soy 100% exacta, pues ningún psíquico lo es ni puede llegar a serlo. De hecho, en una época durante mi juventud, me cuestionaba mis habilidades y pensaba si no sería que sufría de una enfermedad mental. Después de incontables horas de dudas y de consultas con psicólogos y psiquiatras (quienes siempre afirmaban que yo era normal con un alto grado de habilidades paranormales), me rendí y seguí con mi propia vida, tratando de ser lo más "normal" posible. El hecho de recibir miles de cartas y de tener encuentros con cientos de personas que me agradecen constantemente por mi trabajo, y por ser para ellos una "verdadera amiga", me ha hecho pensar que he logrado realizar esa última parte. Para mí, esta es la más grande de las alabanzas.

Ahora, después de más de 60 años de psíquica, más de 40 años de investigaciones, durante los cuales los ángeles me han educado, y más de 20 años de profundos estudios sobre el tema de los ángeles, me siento muy complacida en presentarles *El Libro de los Ángeles de Sylvia Browne*. Aunque ya he tratado someramente este tema en algunos de mis trabajos anteriores, este libro incluye investigaciones aún más definitivas respecto a la descripción, los colores, los tótems y las funciones de los ángeles, así como nuevos datos sobre dos niveles adicionales, o *categorías* de ángeles, cuya existencia era previamente desconocida. Creo, fervorosamente, que todo aquel que lea este libro, encontrará respuestas a sus preguntas y logrará aclarar muchas de las interpretaciones erróneas sobre los ángeles.

En las páginas a continuación, usted descubrirá no solamente que los ángeles son reales, sino además, —a través de investigaciones reales e historias documentadas— cómo funcionan y lo que pueden hacer. Este libro es una compilación de estudios académicos, así como de información recibida de Francine, en una serie de trances de investigación de seis semanas de duración. Fue casi milagroso que, después de cada una de las sesiones en trance con Francine, una enorme cantidad de historias sobre ángeles llegara a mi oficina, casi telepáticamente, relacionadas con la categoría específica de los ángeles de los cuales habíamos hablado la semana anterior.

La gente se burla, pero no me digan que no hay una red espiritual en este mundo que responde con la verdad. Es como si un mensaje saliera a la atmósfera, y los ángeles en espera, lo recogieran y lo implantaran en las mentes de sus custodios humanos, muchos de los cuales se sienten, entonces, impulsados a escribir. En los siguientes capítulos, podrán leer bastantes de estas historias. Me hubiera gustado haber incluido cada palabra de cada carta, pero esto requeriría un libro mucho más grande que este. Aunque las cartas han sido editadas y los nombres han sido cambiados para proteger la privacidad, deseo reconocer a cada una de las personas que se tomó el tiempo de compartir su historia. Ustedes contribuyeron enormemente a mis conocimientos sobre los ángeles y a la realización de este libro; y les quedo eternamente agradecida. Los ángeles siempre han deseado que sus mensajes sean escuchados. Ahora, con la ayuda de Dios y la suya, su voz ha sido escuchada.

Mientras recorremos el sendero de la vida, no tenemos que anhelar en vano compañeros de camino, ya los tenemos. En todos mis años de investigaciones teológicas sobre las otras dimensiones, he descubierto algo maravilloso: No solamente creer en los ángeles tiene total sentido, sino que además los sentimientos de certeza y de paz que esto nos brinda, son señales de que algo nos ha tocado muy dentro de nosotros, señales de que *sabemos* que ellos existen. Mi amiga Taylor, quien trabaja para Microsoft, me ha dicho que cuando le digo algo que ella siente que es verdadero, le dan escalofríos. Yo lo llamo el "escalofrío de la verdad de un psíquico." Me han dado muchos escalofríos mientras escribía este libro. He sentido la presencia de los ángeles más intensamente, que lo que jamás la había sentido antes, y varias veces hasta pude percibir un ligero batir de alas. Pareciera como si los ángeles estuvieran, quedándome corta con las palabras, ansiosos o alborozados por transmitir su información. Aunque los ángeles no experimentan emociones humanas como nosotros, no puedo evitar creer que ellos gozan cuando los reconocemos y aceptamos lo que pueden hacer por nosotros.

A mis lectores "veteranos", bienvenidos de nuevo y gracias por su apoyo y su amor de siempre. A mis nuevos lectores, espero que su camino espiritual, y especialmente sus conocimientos de los ángeles, se incrementen por medio de esta labor de amor. Espero que disfruten leyendo este libro tanto como yo disfruté escribiéndolo; y espero que usen las meditaciones al final de cada capítulo para invocar a los ángeles y que los envuelvan en sus amorosas alas. Que todos sus ángeles se reúnan a su alrededor cada día y los ayuden en su vida... ya que ellos están ahí siempre... tal como lo hace Dios.

Dios los ama y yo también,

— **Sylvia Browne**

I
Por qué creo en los ángeles

*"Vi también y oí la voz de muchos
Ángeles alrededor del solio o trono y
de los animales, y de los ancianos,
y su número era millares de millares."*

— Apocalipsis 5:11

La historia que les voy a contar no solamente ha sido jamás escrita por mí, sino que además ha sido contada sólo a unas cuantas personas, incluyendo a mi hermana y a mí. Mi abuela, Ada Coil, una grandiosa y famosa psíquica en mi pueblo natal de Kansas City, Missouri, me contó esta historia, la cual fue más tarde confirmada por mi madre, por una mujer llamada Katherine y por el obispo Spencer, un obispo muy apreciado de la iglesia episcopal.

Mi abuela tuvo tres hijos: Marcus Coil, su hijo mayor; Celeste Coil, mi madre y Paul Coil, el hijo menor, quien poseía el don de las habilidades psíquicas de mi abuela. Paul amaba profundamente a Dios, escuchaba voces y le transmitía mensajes a la gente. A la edad de 20 años, amaba los deportes y tenía un contrato para cantar en la emisora de radio WDAF en Kansas City.

Paul era un profesional en atletismo y había ganado medalla tras medalla en el lanzamiento de la jabalina. Medía 1.90 cms y era delgado con grandes ojos cafés. Un día, sintió un tumor del tamaño de un guisante en su muslo. Un doctor lo examinó y, primero, lo despachó sin ningún diagnóstico. Recuerden que esto ocurrió en 1930, y la profesión médica, aunque siempre mejorando, todavía no estaba tan avanzada como hoy. Finalmente, a la edad de 21 años, Paul fue diagnosticado con cáncer.

Los cirujanos destriparon literalmente su pierna, pero, a pesar de sus esfuerzos, ellos sabían que Paul iba a morir. Katherine, su prometida, estaba inconsolable, y mi abuela no habló de esto hasta que yo nací en 1936 (según decía todo el mundo). Justo antes de la muerte de Paul, (él no sólo demostró sus habilidades psíquicas sino también la visión que estaba aún por llegar), Paul le dijo a mi madre que tendría una hija con grandes ojos cafés, quien tendría el "don." Él quería que mi madre la llamara Sylvia, por el título de una de sus canciones favoritas.

El día que todo el mundo se reunió a su lado: el obispo Spencer, Katherine, Mamá y Abuela, Paul estaba exhalando sus últimos suspiros. Mi abuela sostenía su mano cuando lo observó mirando por detrás de ella, con una expresión mística que ella no podía describir. Justo entonces, la habitación se llenó de luz. Hasta el obispo Spencer cayó de rodillas. Abuela dijo que una paz y un gozo totales llenaban la habitación, entonces Paul le dijo: "Madre, este es un ángel y ha venido por mí."

Abuela dijo que quedó sin habla, no del dolor, sino del sentimiento de poder y amor. Paul, que no podía moverse, se levantó de repente e intentó pararse de la cama. En ese momento, una enfermera irrumpió en la habitación. Paul cayó hacia atrás, las luces se apagaron y la habitación se tornó sombría y fría.

Justo antes de morir, Paul miró a la Abuela y dijo que él sabía que su padre estaba en el mismo hospital, dos pisos más abajo, con una intoxicación en la sangre. Nadie le había dicho nada a Paul sobre el Abuelo, por temor a perturbarlo. Paul miró entonces a la Abuela y le dijo: "Papá se irá pronto, me lo dijo el ángel, y yo lo voy a cuidar por ti Mamá," y luego murió. El Abuelo Marcus murió dos semanas después, tal como Paul lo había vaticinado.

Según la Abuela dijo un tiempo después, a pesar de haber perdido a su esposo y a un hijo, en medio de su inmenso dolor, había recibido la gracia de tener una visita en privado de un ángel.

Los ángeles aparecen en todas las religiones

Aunque siempre he creído en los ángeles, por lo general me había sentido más inclinada a invocar a mis guías espirituales en busca de ayuda o de consejo, hasta que hace veinte años comencé a observar, con mayor detenimiento, las historias y las investigaciones al respecto. Desde ese entonces, los ángeles empezaron a fascinarme. Al estudiar lo que dicen varias religiones sobre ellos, descubrí que a lo largo de los complicados dogmas de cada aspecto del mundo espiritual, los ángeles siempre han mantenido un lugar muy importante.

No existe una religión (por lo menos, no entre las más importantes) que no contenga alguna referencia a estos seres celestiales. Parece ser que ellos están por encima de todo escrutinio, uniendo todas las religiones en una creencia universal. Las mitologías griega, egipcia y romana poseen una variedad de criaturas aladas, incluyendo los dioses Zeus, Júpiter, Horus y Mercurio. Los grupos politeístas wica y paganos, son devotos a la creencia en los ángeles y los usan con frecuencia como mensajeros, para llevar a cabo ciertas funciones. Incluso, entre los agnósticos y ateos más radicales, parece haber cierta creencia en los ángeles, un hecho que deberían considerar las personas, sobre todo a las de mentes más científicas. Algo está obviamente funcionando en un nivel de la supraconciencia o de la subconciencia, que resuena con la sabiduría confortante, y a veces callada, de que, de hecho, los ángeles existen.

Las escrituras religiosas están llenas de referencias a los ángeles. Tan sólo en la Biblia hay aproximadamente 600 de dichas referencias. La versión Douay, una traducción al inglés del Latín Vulgata, indica que el número de ángeles debe ser muy grande (3 Reyes 22:19, Mateo 26:53, Hebreos 12:22); que su fuerza debe ser grandiosa (Salmos 103:20, Apocalipsis 8:1-13) y que su apariencia varía según las circunstancias, aunque a menudo es brillante y deslumbrante (Mateo 28:2-7, Apocalipsis 10:1-2).

Marcos 13:27 dice: "Y entonces enviará a sus ángeles, y juntará a sus escogidos de los cuatro vientos, desde el extremo de la tierra hasta el extremo del cielo," demostrando que Dios puede invocar a los ángeles a discreción, para ayudarlo a proteger a Sus preciados hijos.

La Enciclopedia Católica dice que la palabra *ángeles* se deriva del latín *angelus* y del griego *angelos,* lo cual quiere decir: "el que acude" o "el enviado."

En el judaísmo, en *Ask the Rabbi (Pregúntale al rabino)*, escrito por Louis Jacobs, según investigaciones realizadas en la Institución Ohr Somayach en Jerusalén, Israel, el rabino escribe: "La palabra hebrea para ángel es *malach*, lo cual significa mensajero. Según fuentes judías tradicionales, los ángeles son las potestades que realizan la voluntad de Dios."

En el hinduismo, en el *Bhagavad Gita* (11.5), el Señor Supremo le habla a Arjuna (el hombre y Dios están hablando). El Señor Supremo dice: "Oh, Arjuna, contempla a mis cientos y miles de múltiples formas divinas que vienen en diferentes colores y formas."

En *Selecciones de las escrituras de Báb,* el gran mensajero de Dios, Bahai, escribe: "¡Oh Señor! Asiste a aquellos que han renunciado a todo excepto a Ti, y concédeles una poderosa victoria. Envíales, Oh Señor, la confluencia de los ángeles en el cielo y en la Tierra, y en todo lo que está en el medio."

Muchos historiadores al referirse a la vida de Buda, informan que su primer sermón fue predicado a muchos Devas y Brahmas (ángeles y dioses).

La fe islámica describe a los ángeles como seres invisibles de sustancia luminosa y espiritual, que actúan como intermediarios entre Dios y el mundo visible. La creencia en su existencia se registra en la definición misma de la fe islámica: "El mensajero creía en lo que le había sido revelado por su Dios, tal como lo hacen los hombres de fe. Cada uno (de ellos) creía en Alá, en Sus ángeles, Sus escrituras y en Sus Mensajeros" (*El significado del Santo Corán* 2:285).

Además de los seres supremos, el zoroastrismo describe muchas clases de seres espirituales también conocidos como: *arda fravash* (santos ángeles guardianes). Cada persona tiene como compañía un ángel guardián, que actúa como su guía a través de toda su vida.

John Neihardt, autor de *Black Elk Speaks (El alce negro nos habla),* nos dice que incluso la tradición de indios nativos americanos habla de ángeles. Alce Negro, un hombre santo de la tribu de los Oglala Sioux, dijo: "Miré hacia las nubes y vi venir a dos hombres. Venían con la cabeza tal cual flechas inclinadas, y al llegar, entonaron un canto sagrado, y los truenos eran como tambores. 'Contempla la sagrada voz que te llama, a lo largo de todo el cielo, una voz sagrada te llama.'"

Tal cual podrá aprender en un capítulo posterior, esto suena familiar a lo que Francine nos dice respecto a los querubines y serafines: Sus voces, no solamente llenan el cielo, sino que, además, llenan nuestros corazones y almas.

Los ángeles y las artes

Cuando comencé mis investigaciones sobre el tema de los ángeles, el volumen de literatura que encontré me inundó más allá de lo que ni siquiera un psíquico hubiera podido predecir. Autores, artistas y poetas, demasiado numerosos para mencionarlos todos, ni siquiera intentaron esconder sus creencias en el poder y la gloria de los ángeles. No solamente en las escrituras religiosas, sino la literatura, la música, las obras de arte y los mosaicos abundan con sus imágenes.

Casi todos hemos visto la famosa pintura del ángel guardián, ayudando a unos niños a cruzar lo que parece ser un puente inseguro; sé que muchos chicos han visto esta pintura muchas veces en sus estudios del catecismo católico. Y millones de personas han viajado desde todas partes del mundo, para ver los ángeles de Miguel Ángel en la Capilla Sixtina.

Los ángeles aparecen en numerosas obras de poesía y prosa, desde Edgar Allan Poe hasta uno de mis favoritos, Henry Wadsworth Longfellow. Longfellow escribió: "Como poseído de alas invisibles, un ángel tocaba sus trémulas cuerdas; y me susurraba, en su cántico: '¿Dónde has estado durante tanto tiempo?'"

En "Hymn to the Beautiful" (Himno a la belleza), Richard Henry Stoddard escribió: "Rodeando nuestras almohadas, se elevan dorados escalones, subiendo y bajando de los cielos, calzados con sandalias aladas, los ángeles vienen y van: los Mensajeros de Dios."

En "A Cradle Hymn," (Un himno de cuna), Isaac Watts escribió: "Calla querido, ¡serénate y duérmete! ¡Santos ángeles guardan tu lecho! Infinitas bendiciones celestiales se deslizan suavemente sobre tu cabecera."

En literatura, Ralph Waldo Emerson nos dijo: "Es durante profundas crisis, sufrimientos insoportables y aspiraciones que descartan por completo la compasión, cuando aparece un ángel."

Mary Baker Eddy, fundadora del movimiento de la Ciencia Cristiana, describió a los ángeles así: "Son visitantes celestiales, que vuelan con alas espirituales y no materiales. Los ángeles son pensamientos puros de Dios, alados con Verdad y Amor, sin importar cuál pueda ser su individualismo."

Es una maravillosa jornada ir en búsqueda de los ángeles. Cualquiera que sea la fuente que consideremos: bíblica, literaria o artística, los ángeles están vivos a través de la mayor parte de nuestro pasado y de nuestro presente. Ya sea adornados con alas, aureolas o harpas, los ángeles siempre han recibido los atributos de sanación, consuelo y protección. Han sobrevivido a través de los anales de la historia para decirnos una verdad muy directa: que ellos son seres amorosos y reales, y que provienen de un Dios que siempre nos está cuidando.

Ángeles modernos

Los ángeles no están relegados solamente a las enseñanzas clásicas o religiosas. Últimamente, se han destacado en la televisión y en el cine. Por supuesto, han aparecido en clásicos de temporadas festivas como: *¡Que bello es vivir!* y *La mujer del obispo,* pero, escasamente, los veíamos en la programación habitual. Con el paso del tiempo, los escritores de guiones hicieron algunos intentos de incursionar en lo sobrenatural con el programa de televisión *Hechizada.* Luego, los ángeles aparecieron, ocasionalmente, en series tales como *La familia Ingals.* Más tarde, adquirieron máxima popularidad en

Camino al cielo; y hoy aparecen en *Tocado por un ángel,* un popular programa que se mantiene en un alto rating desde su primera aparición al aire. La película *Michael,* protagonizada por John Travolta, fue un poco tosca en términos de cómo describir a los ángeles, pero, aún así, marcó el comienzo de su huella en la conciencia humana. Se dice que el arte imita la vida, pero el arte también imita la verdad.

En los últimos diez años, los ángeles han penetrado en las profundidades de la conciencia humana. De hecho, se mencionan en una variedad de libros, y son representados en diferentes formas como objetos de regalo y en tiendas especializadas. Mientras los ángeles estaban antes relegados a sitios de culto religioso, ahora vemos querubines con coronas de laureles en nuestros manteles (como es el caso de mi casa); en broches para solapas; y hasta tatuados en los brazos, piernas y (¡ejem!) hasta en las partes privadas del cuerpo. ¿Cuál es la razón? Mi opinión es muy sencilla. Tal como lo he declarado en muchas ocasiones en mis charlas, tanto ha errado la humanidad que el mundo ha girado hacia una creencia espiritual más elevada, una creencia más afable. ¿Y qué podría ser más afable que un ángel?

Las personas negativas argüirían que los ángeles son solamente otra fantasía metafísica, para aliviar nuestras mentes y ofrecernos un sentido falso de seguridad. Si esto fuera cierto, entones, ¿por qué han aparecido en todas las religiones y en todas las formas de arte y literatura, tanto como aparecen encarnados en los medios de comunicación? ¿Cómo podrían todas estas personas, separadas geográficamente, en el tiempo y en su cultura, tener todos la misma certeza o conocimiento de estos maravillosos seres enviados por Dios?

Es mi opinión, el repentino resurgimiento de los ángeles, es también una refutación directa a los demonios y al fuego del infierno, con los que tuvimos que lidiar en tantas religiones. Los ángeles, tal como lo veo, han cobrado importancia como respuesta a nuestra necesidad de creer en un Dios, que es puro amor, perfecto, desde todos los puntos de vista, y que cuida a Sus creaciones. Los ángeles caminan con nosotros en todo momento en nuestras vidas. Estos hermosos seres, con luces brillando a su alrededor y alas extendidas para protegernos, nos brindan, no solamente el sentimiento y el conocimiento de que no estamos solos, sino además, una cierta liberación de la preocupación. Sobre mi mantel cuelga un hermoso cuadro de Campanelli de un ángel con un colibrí. Cada vez que lo veo, me brinda paz y consuelo. Sé que los ángeles no pueden impedirnos todos los sufrimientos, o evitar que aprendamos nuestras lecciones, pero, sin duda, crean lo que sabemos o sentimos que son milagros aquí en la Tierra, siendo indicadores muy reales en vida que nos muestran que Dios escucha, observa y nos cuida.

No se equivoquen, los ángeles son seres reales, creados y enviados por Dios para ayudar a la humanidad y servirnos como intermediarios con el Más Allá. Los ángeles son verdaderos mensajeros de Dios. En mi imaginación, me encanta la visión de un ángel o ángeles yendo hacia Dios o hacia nuestra misión de la vida (nuestro "anteproyecto" para esta vida, el cual escribimos antes de nacer), trayéndonos de regreso las respuestas a nuestras más inquietantes preguntas. No importa lo solos o abatidos que nos sintamos, definitivamente no estamos solos. Los ángeles son eternos, y están siempre en nuestra presencia. A diferencia de algunos seres humanos, los ángeles jamás nos fallan, jamás están de mal humor y jamás se enojan con nosotros. Ellos provienen directamente de Dios; y están siempre en un estado de aceptación y de amor incondicional.

Nuevos conocimientos sobre los ángeles

Hace diecisiete años fundé una iglesia Gnóstica Cristiana denominada La Sociedad de Novus Spiritus (Espíritu Nuevo). Ya sea que nos llamen esenios, caballeros templarios, o cátaros, somos la religión más antigua, la religión practicada por Cristo. Buscamos, investigamos y examinamos hasta encontrar la verdad, y por esto es que decimos, tal como dijo Cristo: "Buscad y encontraréis. Llamad, y la puerta se os abrirá." Lo más grandioso acerca de nuestra religión gnóstica, es que permanece pura y se mantiene avanzando con más y más conocimientos extensos. Nuestro proceso teológico gnóstico, es el mismo que fue usado para obtener conocimientos sobre el Más Allá: Hemos acumulado, gradualmente, más información a lo largo del tiempo, encontrando respuestas a preguntas que hasta ahora habían sido clasificadas como misterios.

Como cristiana gnóstica, he realizado mis propias investigaciones extensivas, pero mi guía espiritual, Francine, me ha ofrecido siempre detalles más específicos. Durante unos 40 años, ella me ha transmitido material y profecías muy anteriores a nuestros tiempos. No hace mucho tiempo, Francine mantuvo una serie de sesiones semanales, durante seis semanas, sobre el tema de los ángeles. Mientras usted lee este libro, notará lo meticulosamente que ella ha realizado investigaciones por "su propio lado" —el Más Allá— y cómo ella ha compartido su conocimiento con nosotros. Ella trata todas las categorías de ángeles (ahora sabemos que son diez y no ocho como lo escribí en *Life on the Other Side*), y ella describe cómo lucen, a quién invocar y los deberes específicos que desempeñan.

Al principio, estos trances eran exclusivos para los ministros de Novus Spiritus, quienes decían que cuando Francine impartía sus conocimientos sobre los ángeles, ellos sentían que la habitación cambiaba, como si estuvieran sentados en presencia de anfitriones del cielo. Más tarde, todos estuvimos de acuerdo en que era el momento ideal para incluir aquí esta información. No importa lo que usted crea actualmente sobre los ángeles, lo animo a que abra su mente al leer este material. Note el escalofrío psíquico de la verdad que describí anteriormente, y vea si algo de aquí resuena con usted. Como siempre, mi consigna es: *Tome para usted lo que desee, y deje el resto.*

Unos cuantos hechos y cifras

En una de nuestras primeras sesiones bajo trance, Francine nos dijo que hay millones de millones de ángeles.

Ella jamás ha intentado contarlos, ni ha tratado de observar su número en el Pabellón de Registros, el hermoso edificio del Más Allá en donde se encuentran todas las obras escritas de la historia, y un cuadro detallado de cada persona que ha vivido en la Tierra. Sin embargo, ella vio en una ocasión lo que podríamos llamar una lectura que listaba millones de millones de ángeles, que habitaban tan sólo en este planeta. Cuando a esto añadimos el inconcebible número de ángeles que habitan en otros planetas, superan de lejos el número de seres de carne y hueso. En un momento dado, cualquier ser humano puede llamar a cientos de miles de ángeles, sin jamás agotar la reserva. Y esto es mucho, considerando que hay más de seis mil millones de personas vivas en el planeta hoy en día.

Los ángeles pueden interactuar, tanto en el ámbito espiritual como en el ámbito físico, con gran poder y fuerza. Su fortaleza es legendaria, y su habilidad de tomar forma también es aparente. Su propósito principal es ayudarnos a cumplir con nuestra misión, así como la asignación que Dios les ha otorgado tal como: protegernos, ser nuestros mensajeros, sanadores y así sucesivamente.

Una de las preguntas más frecuentes que he escuchado es caracterizada en la carta de C. Ella escribe:

"¿Alguna vez los ángeles toman la forma humana por puro placer, es decir, sin que exista la necesidad de que nos ayuden en una situación? Creo que encontré a uno en una ocasión, me pasó en el supermercado. Cuando una mujer mayor de raza negra le sonrió a mi bebé, me llenó de un sentimiento indescriptible de luz, y cuando miré de nuevo a la mujer, se había ido rápidamente hacia uno de los pasillos, ya no estaba en ninguna parte. Por mucho que lo intenté, no pude encontrarla."

Claro que los ángeles asumen forma humana por placer, y la carta de C apoya este hecho. A veces, creo que lo hacen para facilitarnos su aceptación, en lugar de aparecer en su forma real.

A menudo, me preguntan si los ángeles tienen nombres. Algunas religiones les han dado nombres tales como: Miguel, Rafael y Ariel, pero los ángeles no tienen nombres individuales como nuestros guías espirituales. Estoy segura de que a ellos no les importa cómo los llamemos... siempre y cuando los llamemos. Muchas veces, para hacernos sentir más cómodos, nos permiten llamarlos con cualquier nombre que deseemos. Francine, por ejemplo, tiene una tendencia para llamarlos a todos Miguel. Ella dice que es más fácil, pero agrega que puede ser beneficioso para nosotros, llamar a un grupo o categoría en particular que pueda responder a una necesidad específica (cubriremos a todos ellos en detalle en capítulos posteriores).

Creer en los ángeles parece traspasar el velo y hacerlos más accesibles para nosotros. Francine dice que la fe, como lo dice Nuestro Señor, puede mover montañas, pero, también, es como una mano que se extiende y ayuda a atraer a los ángeles. Si no creemos en los ángeles, ¿están ellos ahí?

Por supuesto que sí, pero, nuestra aceptación parece que facilita su venida.

Los ángeles son enviados por el Concejo, el cuerpo gubernamental de entidades del Más Allá. Estos maestros de maestros están muy avanzados en su sabiduría y espiritualidad. Ellos ayudan a revisar nuestras misiones, y si es necesario, pueden incluir ángeles en éstas para ayudarnos durante un tiempo difícil en particular. Como ven, nada en la vida pasa por pura suerte. Me gusta pensar en ellos como los Super Adhesivos de nuestras vidas.

Es sabido que los guías espirituales y algunas categorías de ángeles, han hecho peticiones al Concejo a favor de algunos aspectos de nuestras misiones. Francine, por ejemplo, no puede cambiar mi misión trazada, pero, puede consultarle al Concejo cómo ayudarme. No piensen que tampoco le he pedido al Concejo ayuda para comprender una situación confusa o difícil en mi vida. ¿Eso ayuda? Sí, todo ayuda. Conforme más aprendemos, mayor es la comprensión de lo que estamos experimentando.

A menudo, me preguntan cómo fueron creados los ángeles. Francine ha explicado que, desde el comienzo, todos existimos en la mente de Dios. De hecho, ella dice que la palabra comienzo es de alguna manera equivocada, porque en realidad no hubo un *comienzo*. Ya que la idea de que todos nosotros hemos sido creados simultáneamente, es demasiado difícil de comprender para la mayoría de las personas. Ella lo describe de esta manera:

"No es equivocado decir que si todos existíamos en la mente de Dios, singularmente, había un trazado de las chispas de la Chispa Divina. Entonces, en beneficio de las mentes finitas (y desde luego que esto no intenta desacreditar la mente de nadie), los ángeles fueron sus primeras creaciones. Si desea decir que fuimos creados simultáneamente, podría decirlo, pero, digamos que las primeras chispas fueron los ángeles. Esto fue el primer comienzo del amor. Fue casi como una magnífica relación amorosa con Dios."

Cuando creó a los ángeles, Dios deseaba lo más puro entre los puros. Esto desde luego no busca desacreditar a los seres humanos como nosotros, pero, los ángeles no tienen otro propósito. Ahora bien, algunos tienen diferentes carreras, trabajos o esquemas de lo que hacen, aunque todos ellos están hechos de puro amor. Al contrario de los seres humanos y de los guías espirituales, quienes tienen sus personalidades, caracteres, gustos, disgustos, todos ellos individuales, los ángeles no son más que puro amor, pura protección, pura sabiduría y puro perdón. Los ángeles no tienen imperfecciones. No tienen otro propósito más que ayudar, proteger y amar. Ellos son, probablemente, la creación más cercana a Dios que podemos llegar a apreciar.

Usted podría preguntarse si entonces los ángeles tienen pensamientos. Sí, los ángeles tienen inteligencia y emociones, pero, en su forma más pura. En otras palabras, los ángeles no están humanizados. No se enojan, no se desaniman, ni se ponen sentimentales, y no existen ángeles vengadores. Ya que ellos no han tenido vidas, no tienen memoria celular, ni "cargas emocionales" o lecciones que deban aprender. Los guías espirituales, sin embargo, a pesar de que han vivido en el Más Allá, en un ambiente perfecto de amor y energía positiva —lo que llamamos cielo— deben humanizarse hasta el punto de que pueden ponerse sentimentales. Si no lo hicieran, no podrían ser tan eficaces como guías. De hecho, Francine dice que esta es la razón por la cual la mayoría de los espíritus prefieren no ser guías. Tienen un pie en la gloria y el otro en la dimensión emocional de la Tierra. Pero, si no fuera así, no serían capaces de responder a nuestras preguntas o de entender nuestras emociones. Tal como lo ha dicho Francine muchas veces, ellos dirían sencillamente: "Total, ¿qué importancia tiene? Pronto estarás aquí."

¿Cómo lucen los ángeles?

Al igual que Francine, Raheim ha sido mi guía durante toda mi vida, pero ahora es un guía secundario. Yo no lo percibí hasta hace unos treinta años. No lo escucho como escucho a Francine. Si él tiene algo que decirme, se lo dice a ella para que ella me lo comunique. Las únicas veces que él habla es durante los trances, cuando viene a través de mí y ofrece información sobre un tema en particular.

En su última encarnación en la Tierra, Raheim fue un maestro Sij muy famoso, por la sabiduría en su fe. Por supuesto que ahora es un gnóstico, pero, encarémoslo... en el Más Allá, todas las religiones se vuelven una sola, porque allá todos adquirimos mayor sabiduría. La religión aquí abajo es un asunto de preferencia personal, el camino que decidiste transitar. Si sientes que el sendero que escogiste es correcto, entonces, es correcto para ti.

Raheim nos dice que los ángeles representan todas las razas en la creación. Hay ángeles con piel café, negra, roja, amarilla y negra. Muchas veces, tienen características raciales particulares en sus ojos, nariz, labios, cabellos, y en otras características faciales o corporales, pero no hay prejuicios o barreras raciales en el Más Allá. Los ángeles de todas las razas, asisten a los seres humanos sin diferencia racial. Los rostros de los ángeles no son todos iguales, así como los rostros de los humanos tampoco lo son; pero, la estatura de sus cuerpos es la misma, según la categoría a la que pertenezcan.

Los ángeles son seres puros, andróginos, hermosos, altos y brillantes. Algunas veces, la única forma de distinguir una categoría en particular es según sus alas, las cuales tienen un tinte especial o un color que emana de.sus puntas (hablaremos más sobre los colores cuando exploremos las individuales). Este color también se duplica en las franjas externas de sus auras, las cuales son siempre brillantes, y las cuales la mayoría de los artistas representan como aureolas.

Jennifer de Indiana escribe:

"A veces he sentido la presencia de lo que pienso que han sido ángeles, en algunos sueños muy intensos que he tenido. En esos sueños, los ángeles son por lo general negros (de piel oscura), y en los últimos dos que he tenido (especialmente el que tuve justo después de que muriera mi hermano menor), tres mujeres negras vestidas de color morado me estaban consolando. Mi familia no es negra, pero mi hermana mayor también mencionó algo sobre los ángeles negros, y mi madre me dijo que ella había escuchado que por lo general no son my altos. No recuerdo si mis ángeles tenían alas; en un sueño el ángel negro tomó mi mano (y eso me dio mucha paz), y me dijo (en mi mente) que su nombre era William. ¿Parece esto como otras descripciones de ángeles?"

La carta de Jennifer no solamente nos cuenta una amorosa historia, sino que además confirma la descripción de Raheim, de que los ángeles son seres hermosos que no tienen barreras raciales. Como nosotros, ellos vienen en todas las razas, tamaños y formas.

Raheim también describe a los ángeles como básicamente andrógenos por naturaleza, ya que no tienen órganos reproductores. Ampliando más el tema, Francine nos dice que en el Más Allá, cada espíritu tiene características físicas y un género sexual, así como una "capacidad de fusión", la habilidad del cuerpo y/o el espíritu de unirse con otra entidad. Hay una cierta cantidad de sexualidad en el proceso de fusión, lo cual es muy parecido a un orgasmo de la mente y/o el cuerpo. Los ángeles, sin embargo, no poseen esta habilidad. Aunque algunos tienen apariencia femenina o masculina, no tienen órganos genitales. Son seres totalmente perfectos y andrógenos. No tienen almas gemelas, no tienen residencia, y no pueden perpetuar su propia realidad, tal como pueden hacerlo otras entidades en el Más Allá.

¡Oh, esas hermosas alas!

Muchos de nosotros creemos que lo sabemos todo... hasta que nos chocamos de frente con algo que nos ofrece una información o una realidad diferente. Las siguientes historias demuestran que no soy una excepción a este fenómeno.

Cuando tenía veintidós años y estaba recién casada con mi primer esposo, estaba sentada en mi auto, fuera del edificio en donde yo era maestra de escuela. Estaba lloviendo muy fuerte y estaba con mi cabeza sobre el volante, pensando que no quería irme a casa. Me sentía muy sola. De repente, alguien golpeó en la ventana, y cuando miré hacia arriba, vi a un hombre hermoso ahí de pie. Tenía los ojos más azules que he visto, el cabello canoso y barba. Bajé la ventana (algo que uno jamás haría ahora), y este hombre me dijo: "Sé que te sientes sola, pero todavía no te has perfeccionado lo suficiente como para estar sola." Lo miré fijamente tratando de comprender lo que me quería decir. Alejé la vista por un segundo, y se fue. Quedé conmovida por la experiencia, porque me di cuenta que no había escuchado lo que me había dicho en voz alta, sino en mi mente.

Arranqué el auto, y cuando comencé a conducir hacia casa, Francine me dijo: "Bien, Sylvia, acabas de ver a un ángel."

En ese momento, contesté: "¡Un ángel! Sin alas ni colores."

Ella dijo: "Sí, ellos vienen como mensajeros en forma humana."

Hasta ese momento, tal como pueden atestiguarlo los que han asistido a mis primeras charlas y leído mis libros anteriores, creía firmemente que los ángeles no tenían alas. Pero, todo cambió en un instante, hace cuatro años, cuando pasaba la noche en la casa de mi hijo Chris.

Me levanté en medio de la noche, para ir de mi habitación a lo largo de la entrada principal, con techo alto con forma de bóveda, en busca de un vaso de agua en el baño. Y cual no fue mi sorpresa cuando vi ahí, en medio del recibidor, a un ser enorme, verdaderamente gigantesco, algo que jamás en mi vida había visto. No solamente la altura de su ser era sorprendente. Sino también sus enormes y hermosamente coloreadas alas plegadas con cuidado en su lugar. Mientras me quedé ahí mirando fijamente a esta hermosa creación, por unos dos minutos, el ángel se mantuvo ahí quieto, como si estuviera guardando la casa. Él (y digo "él," aunque sé que los ángeles son andrógenos) parecía más masculino que femenino. Su rostro brillaba como una luz luminosa.

Sonreí, sin saber qué más hacer. La mejor forma en que puedo transmitirlo ahora es diciendo que el ángel sonrió con dulzura y amor y que, luego, esta hermosa entidad desapareció, o por lo menos de mi vista, aunque todavía sigo sintiendo el poder de su presencia alrededor de mí. Esto puede sorprenderlo, pero no es que yo ande por ahí viendo cosas todo el tiempo. Independientemente de mi habilidad, tengo los pies muy en la tierra. ¿Que si veo fantasmas? Sí, pero esto es muy distinto. Esto era tridimensional, tenía colores sólidos y... ¡alas! Desde ese momento, comprendí, que las alas de los ángeles no son solamente reales, sino que en un nivel más profundo, simbolizan nuestra libertad. Nos sentimos alegres al saber que estas hermosas entidades, pueden llegar a nosotros en un abrir y cerrar de ojos, o, tal como yo lo creo, están con nosotros constantemente, para envolvernos con sus alas y protegernos.

Comunicaciones entre los ángeles y las personas

Las historias anteriores confirman otro dato interesante sobre los ángeles: Ellos raramente hablan verbalmente. Francine dice que los ángeles pueden comunicarse en muchas formas, pero casi siempre deciden hacerlo telepáticamente. A veces, como verá en los capítulos siguientes, las personas informan que creen que un ángel les hablaba, tal como me ocurrió en mi auto. Sin embargo, al mirar atrás, sé que fue una comunicación telepática tan real en ese momento, que creí que era en verdad una voz viva. Los ángeles raramente usan su voz. De hecho, si usted cree que ha escuchado la voz de un ángel, era posiblemente su guía espiritual hablándole mientras el ángel estaba presente.

La historia de Anne nos brinda un ejemplo relacionado con lo que mencionamos. Ella escribe:

"Tengo un recuerdo de cuando tenía treinta años de edad. Había estado realizando investigaciones genealógicas en un cementerio de un pueblo cercano, y me dirigía a casa. Me detuve en una señal de parada, en una intersección, e hice lo usual 'miré a la izquierda, miré a la derecha' antes de acelerar. No vi ni oí absolutamente nada, hasta que comencé a entrar en la autopista cuando *escuché: '¡Para!'* Me quedé tan sorprendida y tan asustada que frené en seco, justo a tiempo para ver un camión *enorme* totalmente cargado, acercarse a mi izquierda y rebasarme. El camión iba, evidentemente, a exceso de velocidad; si yo hubiera entrado en la intersección, me hubiera chocado de costado y es seguro que hubiera muerto. Me quedé en la intersección con mi corazón palpitando al máximo y mis palmas sudando. Miré a mi alrededor y no había —*nadie*— por ahí. Ni una persona, nadie. Era un domingo en la tarde, y sólo puedo describir el pueblo como vacío, excepto por ese camión y yo. Miré vacilante el asiento trasero. Nada. Miré de nuevo a mi alrededor. Nada. Luego escuché suavemente: 'Estás protegida.' Entré en pánico. Miré el asiento de atrás y... no vi nada. Me regresé a casa y nunca se lo conté a nadie, hasta ahora."

La historia de Anne ofrece una gran descripción de ángeles y guías que trabajan en equipo. Los ángeles, a menudo, son los primeros que perciben el peligro; alertan a nuestros guías, quienes usan sus voces para advertirnos. He interrogado a cientos de personas que han tenido visiones de ángeles, y muchas veces, recuerdan haber escuchado primero a los ángeles. Sin embargo, cuando entramos más en detalles, casi todas estas personas están de acuerdo, en que la comunicación era clara en sus mentes, no en sus oídos.

No es por cambiar el tema, pero, vale la pena mencionar aquí que lo mismo sucede con más frecuencia que lo opuesto, cuando se aparecen nuestros seres amados que han fallecido. No se escuchan voces, pero un mensaje muy claro es transmitido. ¿Por qué sucede esto? Bien, me parece razonable que los pensamientos son mucho menos propensos a confundirse que las palabras habladas. ¿Cuántas veces ha experimentado la frustración de no tener las palabras para expresarse y desearía que, de alguna manera, la otra persona pudiera sentir o escuchar lo que está en su mente? Los espíritus y los ángeles, sencillamente, sí pueden hacerlo. Los ángeles pueden también comprender de inmediato cuando los necesitamos. Su nivel vibratorio y su estructura amorosa y pura de sanación les permite comprender nuestros problemas o necesidades, sin tener que comunicarse con palabras.

Raheim describe la habilidad telepática de un ángel como altamente desarrollada y muy persuasiva. Él dice que muchas veces los guías invocan un par de ángeles, para ayudarnos a transmitir un pensamiento debido a su poder telepático, combinado con la guía espiritual, para lograr comunicarnos con mayor efectividad dicho pensamiento.

Francine dice que cada vez que hablamos con los ángeles, se tiende un hilo plateado fibroso entre ellos y nosotros. Luce como una telaraña, pero no lo es. Es, en verdad, bastante grueso y fuerte, formando una red con tentáculos pareciendo que tuviera joyas. Cuando nos comunicamos con los ángeles, nuestras hebras platea-das se conectan con las suyas. Por lo general, ellas se conectan directamente con nuestros chacras, los cuales la filosofía yogui describe como los puntos de energía físi-cos o espirituales de nuestros cuerpos. Sé que esto suena como una analogía dolorosa, pero no nos hace daño. Es, sencillamente, una energía indolora y milagrosa.

Algunas personas, de hecho, han obtenido ectoplas-ma al haber tenido contacto con un ángel, tal como me ocurrió en una ocasión, cuando estaba investigando una aparición de fantasmas. Estaba lidiando con un espíritu gruñón llamado Judge. Me era bastante desagradable y, entonces, un ángel se colocó al frente mío para proteger mi chacra del corazón. El ángel se restregó contra mí y accidentalmente me untó de ectoplasma. Era como plateado y transparente, según mi secretario Michael, y según otros testigos que lo vieron aparecer.

Cuando me acuesto en las noches y tengo un problema en particular que debo resolver, siempre le pido ayuda a Dios primero, luego a la conciencia Crística, al Espíritu Santo, a mi guía espiritual y a los ángeles. Muchas veces, cuando despierto, he recibido una respuesta y, muchas veces, mi guía espiritual me dice que la respuesta llegó de los ángeles, ya sea telepáticamente o a través de sabiduría infundida (implantada en mi mente). Aunque la "voz" de un guía espiritual puede ser a menudo más audible que la de un ángel, jamás menosprecie el poder y la verdad que pueden impartir los ángeles.

Amor puro e incondicional

Raheim habla de una última cosa que cada ángel nos brinda, sin importar a qué categoría pertenezcan: amor incondicional. Ninguna otra entidad distinta a Dios, puede brindarnos la magnitud a toda prueba de amor incondicional que pueden darnos los ángeles. Incluso, los guías espirituales, quienes son, de hecho, amor, y se han perfeccionado tanto como pueden, tienen condiciones limitantes. Tal como dije antes, los guías espirituales se han humanizado, y es esta humanidad la que les permite ser sensibles hacia las entidades que cuidan. Francine y Raheim sienten lo que perciben como injusticias hacia mí o hacia mi familia, al igual que todos los guías sienten las injusticias que los humanos sufrimos. Por ejemplo, si contraemos una terrible enfermedad, nuestros guías se molestan y sienten empatía hacia nosotros. Incluso, si tenemos algo no muy grave, como un dolor de cabeza, nuestros guías se preocupan. Los ángeles, sin embargo, permanecen, por lo visto, sin emociones, y ofrecen un flujo de amor definitivo, constante y puro.

No quiero que piensen que los ángeles no pueden discernir. Es, sencillamente, que ellos no han tenido que vivir, entonces, no tienen individualidad y son pura inocencia. Usted jamás verá a un ángel vagando por ahí, enojado o emitiendo emociones humanas. Los ángeles no discuten y no tienen sus propios itinerarios. Tampoco verá a un ángel acudiendo al Concejo, excepto en raras ocasiones y solamente con un guía espiritual que debe pedir algo. Por ejemplo, si mi guía está teniendo problemas con mi misión o no puede lograr que yo la escuche, ella podría pedirles a los ángeles apropiados que la acompañen al Concejo y le ayuden a abogar por su causa.

Los ángeles tampoco tienen mucho sentido del humor. De hecho, no lo tienen en lo absoluto, pero sienten mucha alegría y tienen una maravillosa habilidad para reír. Usted podría pensar: *Pero si se ríen, deben tener sentido del humor,* pero su risa parece emanar del puro gozo de ser, no del sentido de humor. Esta cualidad es envidiable.

Además de su alegría, los ángeles tienen inteligencia estática. Yo nunca diría que un ángel es más inteligente que otro, porque todos parecen tener el mismo nivel de inteligencia. Una categoría podría ser más elevada que otra, en términos de poder, pero no de inteligencia. En otras palabras, los Tronos o los Principados pueden considerarse más elevados que la categoría de los Ángeles o los Arcángeles, pero no son más inteligentes; ellos, sencillamente, conocen su labor y la llevan a cabo. De nuevo, usted podría preguntarse: ¿Tienen más amor los Tronos o los Principados que los Ángeles o los Arcángeles?" No, todos ellos han alcanzado el mismo magnífico nivel de amor infinito e incondicional.

Los ángeles son la única creación que puede trascender, tanto el lado terrenal como el Más Allá. Ellos ayudan, calman, guían y socorren las entidades en el Más Allá, tanto como nos ayudan a nosotros, y básicamente de la misma forma.

Ángeles: Mitos y verdades

Antes de proseguir, aclaremos algunos mitos acerca de los ángeles. Ya que hemos pasado tanto tiempo hablando de lo que *son* los ángeles, es de igual importancia examinar lo que *no son.*

Primero que todo, al contrario de la creencia popular, no existen los ángeles oscuros. Algunos textos religiosos nos advierten que tengamos cuidado de los "ángeles del mal." Otros dicen que Satanás es un ángel caído. No solamente el diablo no existe, sino que además dice Raheim: "Nunca he visto un ángel oscuro, jamás. No hay ángeles del mal, no hay ángeles caídos u oscuros. La palabra *ángel* de por sí, desafía la oscuridad; es casi como una antítesis de la palabra *maldad*. Los ángeles combaten y alejan la maldad. No hay de ninguna forma maldad en ellos, solo un flujo constante de amor incondicional."

Otro mito sobre los ángeles es que vienen a nosotros en forma singular. Los ángeles vienen uno a la vez, tal como lo demuestran algunas historias incluidas en este libro, pero esto es algo más bien raro. La mayoría del tiempo, cuando los ángeles nos ayudan, vienen en grupos, por lo general de diez o más —a veces, incluso vienen *miles* a la escena de grandes catástrofes. Ya sea cuestión de las Virtudes revisando nuestras misiones, los Ángeles protegiéndonos, o los Arcángeles y los Poderes sanándonos, sea cual sea el propósito, lo más común es que un grupo de ángeles acuda a asistirnos.

Cuando uno lee que una banda de ángeles estaba presente, significaba esto exactamente. Me parece un poco inexacto decir que sólo un ángel, tal como Gabriel, se dirigió a María y le dijo que ella portaba al niño Jesús. No, María fue visitada por *muchos* ángeles, así como lo fueron todas las mujeres que portaban un mesías o un mensajero, desde la madre del fundador del Islamismo, Mahoma, hasta la madre del fundador de la religión Bahai, Bahaullah. Ejemplos de esto pueden verse a lo largo de la antigüedad en las escrituras antiguas. Siempre hay un anuncio que antecede al mensajero; siempre hay una banda de ángeles. Ya sean los pastores que escucharon y vieron la banda de ángeles regocijándose ante el nacimiento de Cristo, o aquellos que celebraban el nacimiento de Buda, el caso es que tropeles de ángeles siempre han estado presentes. Tal como dice la Biblia: sus siervos estarán con nosotros.

La corriente confusión y los mitos sobre los ángeles probablemente seguirán hasta el final de los tiempos, ya que parece que ellos han estado con nosotros desde el comienzo, pero espero haber contribuido a aclarar algunos de los conceptos erróneos más comunes.

Las diez categorías de los ángeles

Tal como lo mencioné anteriormente, hay diez categorías o niveles distintos de ángeles. En los capítulos siguientes, exploraremos cada categoría en detalle. Por ahora, el siguiente cuadro presenta un resumen de cada categoría y su tótem, elemento, piedra representativa, color de sus alas, propósito y función.

Cuadro gráfico de los ángeles

Tipo de ángel	Tótem	Elemento	Piedra	Alas	Propósito	Función
Ángeles	*Gaviota*	*Sol*	*Perla*	*Blancas con puntas plateadas*	*Protectores*	*Miedos y fobias*
Arcángeles	*Lobo*	*Lluvia*	*Aguamarina*	*Blancas con puntas azules*	*Mensajeros (llevan el cetro de la sanación)*	*Esperanza*
Querubines	*Canario*	*Música*	*Cuarzo*	*Blancas con puntas rosadas*	*Alegres cantores*	*Insomnio*
Serafines	*Canario*	*Música*	*Cuarzo*	*Blancas con puntas rosadas*	*Alegres cantores*	*Recordar los sueños*
Potestades	*Halcón*	*Luna*	*Esmeralda*	*Blancas con puntas verdosas*	*Sanadores*	*Paz*

Tipo de ángel	Tótem	Elemento	Piedra	Alas	Propósito	Función
Celadores	Cuervo	Viento	Ópalo	Blancas con un matiz naranja	Portadores de las entidades oscuras	Destino
Virtudes	Paloma	Agua	Plata	Plateadas con puntas azul pálido	Ayudantes (ayudan con nuestras misiones)	Principios morales
Dominios	Puma	Tierra	Hematita	Blancas con un matiz castaño	Supervisores del bien; llevan el registro de las obras o acciones	Fortaleza
Tronos	Elefante	Aire	Oro	De color blanco púrpura	La legión de Azna (Diosa Madre)	Fertilidad (Emoción)
Principados	León	Fuego	Zafiro	Oro	La legión de Om (Dios Padre)	Justicia (intelecto)

Los ángeles y sus tótems

La palabra *ánima* o tótem, significa una cosa viviente, que conlleva un tipo de suerte o de mensaje. El término proviene de los chamanes indios nativo americanos, y se refiere, literalmente, al animal o al tótem representativo de una persona. Cada uno de nosotros tiene un tótem, y muchas veces asumimos sus características. Mi tótem, por ejemplo, es el elefante, y como el elefante, soy muy familiar, nunca olvido las cosas y así sucesivamente. Algunos grupos comparten un tótem en común. En la cultura de los indios americanos, por ejemplo, cada tribu tiene su propio tótem: un animal que a veces ayuda o protege a esa tribu.

De igual forma, cada categoría de ángeles tiene su propio tótem, y están listados en el cuadro anterior. El tótem del ángel es su símbolo, un animal hacia el cual el ángel se siente cercano y que ha sido asignado así para su categoría. Por ejemplo, los Ángeles (la primera categoría) usan la gaviota para manifestarse algunas veces. Esto no significa que los Ángeles aparezcan en forma de gaviotas, sino que las gaviotas son su animal particular, específico a los Ángeles. El tótem de los Arcángeles es el lobo: veloz, resistente y feroz, cuando hay que serlo. El canario, sencillo y hermoso, es feliz cantando, tal como los Querubines y Serafines que representa.

Todos los ángeles pueden aparecer brevemente en la forma de un animal o tótem en particular, pero, por lo general, no lo hacen. Más bien, es más probable que manipulen la energía de su tótem o de otros animales (tales como un oso, águila, halcón o león), para que aparezcan y le hablen, si es el caso. Raheim dice que los ángeles pueden manipular a los animales, porque ellos tienen grandes poderes sobre los dominios de la Tierra.

En muchas culturas nativas, la gente cuenta historias de tótems que han venido a hablarles. Con la ayuda de los ángeles, un animal les ha hecho una advertencia o los ha protegido del mal. Cuando esto ocurre, significa una de dos cosas: El animal era el tótem propio de la persona o era un animal manipulado por un ángel. No confunda su propio tótem con el de un ángel. Un ángel puede manipular su tótem para hablarle, pero los ángeles rara vez asumen la forma de sus tótems.

Elementos y piedras

El elemento que simboliza cada categoría de ángeles, representa la esencia misma por la cual cada categoría es identificada. Por ejemplo, la lluvia es el elemento de los Arcángeles. Para la mayoría de las personas, la lluvia puede ser aburrida o deprimente, pero, deténgase y piense en lo que hace la lluvia. Limpia, lava, cura ulceraciones y purifica, tal como la mano sanadora de un Arcángel. Como nota al margen, deseo mencionar que nadie ama más la lluvia que yo, y ha sido así desde niña, aunque en verdad no estoy muy segura de la razón.

Cada categoría de ángeles tiene su joya o piedra preciosa correspondiente, que no solamente simboliza con lo que esa categoría resuena, sino, también, asume el poder de esa categoría. Por ejemplo, el cuarzo es la piedra de los Querubines y Serafines. Estas piedras pueden verse durante la meditación, o si somos afortunados, cuando nos comunicamos con nuestros ángeles.

¿A quién deberíamos invocar?

Cada categoría tiene un propósito en particular; y puede ayudarlo con funciones o problemas emocionales que usted pueda tener. Saber a qué ángel invocar o cuándo necesitamos un tipo de ayuda en particular, ya sea un mensajero, un protector o un sanador, facilita realizar el trabajo y nos ayuda a sentirnos mejor. No se trata de que no vengan todos cuando los invocamos, pero, ¿en verdad queremos que venga un pintor si lo que necesitamos es reparar una puerta?

Las funciones, según la lista, son experiencias para cada categoría, pero no necesariamente como lo interpretamos los humanos. Dios hizo a los ángeles y Su idea de una función puede ser completamente distinta de la nuestra. Yo dudaría en tratar de interpretar a Dios, pero siento que podemos pedirle ayuda a una categoría específica, según el área de sus funciones, y poder así quizás recibir alguna ayuda. Por ejemplo, en momentos de estrés, podemos invocar a las Potestades para sanación (la cual es su propósito), así como para paz interior (su función). Recuerde, no obstante, que aunque cada categoría de ángeles tiene una habilidad en particular, todos interactúan entre sí para llevar a cabo su función, la cual es ayudar y proteger a todas las creaciones de Dios.

¿Significa esto que tenemos que usar una cierta piedra o color, o adoptar un tótem en particular para invocar a cierto ángel? No, en lo absoluto. La información presentada en este capítulo es, sencillamente, para su información y conocimiento. Mientras más conocimientos tengamos sobre los ángeles, más sabrán ellos que estamos atravesando distancias para acercarlos; y nuestra propia fe y creencia los ayudarán a que lleguen hasta nosotros. Podemos relajarnos, disfrutar y usar esta nueva información para invocar la categoría apropiada para ayudar a lograr aun más metas.

Entonces, ¿cómo invocamos a nuestros ángeles cuando los necesitamos? Al final de cada capítulo, he incluido una meditación como la que les ofrezco a continuación. Recomiendo que la graben en una grabadora, para que puedan escuchar las instrucciones, mientras realizan la meditación.

MEDITACIÓN PARA CONTACTAR A SU ÁNGEL

Siéntese en una posición cómoda de meditación. Cierre sus ojos. Descanse sus pies, sus tobillos, sus pantorrillas, sus rodillas, sus muslos y el área de sus caderas. Afloje y relaje su torso, brazos, dedos de las manos, cuello y cabeza.

Rodéese con la luz blanca del Espíritu Santo. Inhale profundamente tres veces y llévese mentalmente a la orilla del mar. Haga esto de la forma más visual, sencilla o adornada que usted desee. Mientras se encuentra en la playa, recuéstese contra una palmera y ponga sus pies en la suave y cálida arena. Sienta el calor de las olas que vienen y van contra sus pies. Sienta el sol en su rostro, el viento soplando suavemente a través de su cabello. Inhale tres veces más profundamente, y sienta que toda la negatividad se va saliendo poco a poco de su cuerpo, con las olas que vienen y van.

Pídale a una entidad, a un ángel, por ejemplo, que venga a hacerle compañía en la playa. De la penumbra surge un hermoso ser. Invite a su ángel a que se acerque. Deje la imaginación fuera de esto. Siéntalo, percíbalo. Deje que lo envuelva el amor de Dios de este mensajero.

Quédese ahí tanto tiempo como lo desee. Luego, con tres inspiraciones profundas, vuelva a su ser desde los pies a la cabeza, pidiendo que la luz de Dios Padre, Madre, la conciencia Crística y el Espíritu Santo, permanezcan con usted.

II
Los Ángeles

"Porque escrito está:
a sus ángeles mandará cerca de ti,
que te guarden."

— Lucas 4:10

En 1988, yo iba conduciendo con Amy, una chica que trabajaba conmigo en mi oficina. Íbamos de camino a pasar la noche en casa de Paul, mi hijo mayor, cuando nos detuvimos para comer y tomar algo. Mientras salíamos del estacionamiento de la tienda, miré a mi derecha. De repente, vi un auto blanco que avanzaba hacia mí desde la izquierda, venía demasiado rápido y demasiado cerca como para poder evadirlo. Me preparé para el impacto y Amy gritó. El aire quedó mortalmente helado, como si el tiempo se hubiera detenido. No hubo impacto, ni metal retorcido, solo un silencio escalofriante. Luego los ruidos normales regresaron. Miré a Amy, cuyos ojos estaban totalmente abiertos y dijo: "Seguramente estamos muertas."

Recuerdo que no sé cómo salí del auto y, luego, Amy también me siguió. Todavía creyendo que estábamos muertas, esperaba ver nuestros cuerpos totalmente estropeados, una masa de destrucción y un túnel que nos conduciría al Más Allá. Para mi total sorpresa, no había ni una herida, pero el auto estaba totalmente girado al inverso. Como siempre he sido una investigadora, le dije a Amy: "No digas una palabra. Súbete de nuevo al auto y escribimos nuestra historia cada una por separado."

Increíblemente, nuestras historias eran exactamente iguales. Las dos sentimos el silencio y las dos sentíamos que estábamos como en un sueño. Hablamos sin cesar de lo ocurrido; las dos sabíamos con certeza que los ángeles nos habían salvado.

Mi guía me dijo más tarde: "¿Qué te parece la forma como los ángeles pueden mover objetos?" Y eso fue lo que hicieron. No era el momento de morir de ninguna de las dos, y nuestros ángeles habían acudido a salvarnos del peligro.

A fin de que no piense que mi experiencia es única, aquí encontramos una carta de una mujer llamada Rose quien describe un evento similar:

"En 1991, a los veintidós años trabajaba en una ciudad cercana. Para llegar cada día a mi trabajo, tenía que conducir por una colina muy pronunciada de cuatro carriles. Un divisor en cemento separaba las dos direcciones. Ese día en particular estaba un poco nublado, y había muchos autos conmigo en la colina. Yo iba a exceso de velocidad mientras ascendía la colina, ya que era la única forma de lograr que mi pequeño automóvil pudiera subirla. Cuando comencé a descender, los autos al frente mio frenaron en seco. Al frenar yo en seco a la vez, debí haber pasado sobre un poco de agua y comencé a perder el control. Recuerdo cómo patinaba mi auto sobre la colina hacia los lados, frente al divisor en cemento. No sé cómo mi auto no se volcó.

Lo siguiente que recuerdo es que mi auto estaba a punto de chocar de frente al divisor. Cerré mis ojos y dije en voz alta: 'Dios mío, ayúdame por favor.' El aire se quedó helado y el tiempo se petrificó. Abrí mis ojos y vi el ángel más hermoso, con cabellos rubios casi blanco, vestido de blanco, más grande que una persona normal, con alas gigantescas que brillaban con un blanco y brillante matiz. Parpadeé y había partido. Mi auto estaba de vuelta en su sitio en la dirección correcta, en la fila de los autos más lentos. Sé que no hubiera podido hacerlo yo misma. Sé que fue mi ángel. Siempre he creído en los ángeles y ese día lo comprobé."

La historia de Rose nos brinda otro ejemplo de que los ángeles mueven objetos; y verifica lo que nos sucedió a Amy y a mí mientras conducíamos a la casa de mi hijo.

Ángeles: Los protectores primordiales

Según Francine, la primera categoría que emergió de la creación fue la conocida sencillamente como los Ángeles. Aunque todas las distintas categorías son conocidas como ángeles, cuando me refiero a los Ángeles con una A mayúscula, me refiero al primer nivel o categoría.

Como todas las demás categorías, los Ángeles son hermosos y vienen en muchos tamaños, pero la mayoría parecen ser muy altos. Ellos irradian el amor y la gloria del Espíritu Santo y, como todos los ángeles, son andrógenos en apariencia, no muestran ningún género en particular. Aparecen en una manifestación pura, brillante, de luz blanca casi fluorescente en su naturaleza, la cual emana de sus alas con puntas plateadas, que revelan la silueta de un hermoso ser interior. Su símbolo es el sol, indicando su brillo, y su joya es la perla, lo que significa el color blanco de la pureza. Su tótem representativo es la gaviota, cuyo color blanco también simboliza la pureza.

Con una población de incontables millones de millones, hay muchos más Ángeles que cualquier otra categoría, convirtiéndolos en la categoría más probable que entre en nuestras vidas. Los Ángeles son quienes prestan guardia a nuestro alrededor durante la noche. De hecho, nos referimos a ellos a menudo como "ángeles nocturnos," porque ellos vienen a nosotros más a menudo durante ese tiempo del día. No, no es que deambulemos durante el día sin ángeles, pero la noche ha sido siempre el momento del espíritu. No es que haya toda clase de espíritus malvados saliendo de todas las grietas, pero, sí salen más durante la noche, mientras dormimos, y somos más vulnerables. ¿Conoce el antiguo dicho popular de que tenemos cuatro ángeles en las cuatro esquinas de nuestra cama? Bien, no está tan lejos de la realidad. Los Ángeles vienen y se quedan alrededor de nuestras camas, cuidándonos mientras dormimos.

Tal como Amy, Rose y yo descubrimos en nuestras experiencias automovilistas, el propósito primordial de los Ángeles es cuidarnos. Ellos llegan a cualquier extremo para protegernos. Lo más maravilloso de los Ángeles es que pueden transformarse más que cualquier otra categoría. Se pueden envolver alrededor del radiador de un auto para evitar que explote, y pueden despertarnos si hay monóxido de carbono en la habitación. Francine me contó sobre un Ángel que se envolvió en una llanta para evitar que se desinflara.

Nancy en Houston escribe:

"Hace unos cinco años, mi esposo y yo regresábamos del fin de semana que pasamos cada diez años solos en Louisiana. Chuck estaba adormecido en la silla del pasajero. Yo estaba conduciendo y me encontré de frente con unos tipos colocando una lavadora y una secadora en la parte de atrás de un camión. El volante fue arrancado a la fuerza de mis manos, y luego, estábamos conduciendo del otro lado, en el momento en que uno de los electrodomésticos salía volando de la parte de atrás del camión, y hubiera caído justo encima de nuestro parabrisas. Chuck se despertó con el ruido y le dije que alguien nos acababa de salvar. Sentí la presencia de un espíritu superior, de un ángel, y supe que yo no había conducido el auto en ese momento. No puedo explicar el arrebato forzado del volante, ni el sentimiento de un espíritu que me protegía como si yo estuviera dentro de su capullo. Sólo repetía sin cesar durante la siguiente media hora: 'Nos salvaron, alguien nos salvó.'"

Los Ángeles tienen gran poder. Pueden mover objetos, arrancar a la fuerza volantes, levantar autos, y pueden hacer todas estas cosas sin un costo molecular. A pesar de que estamos en un ambiente más denso, los Ángeles pueden, con su vibración eléctrica más elevada y con la ayuda de Dios, quitarnos de en medio del peligro. Esta primera categoría tiene un poder tremendo, más allá de nuestros sueños más audaces.

Los Ángeles son también la categoría que protege a los niños. Todas las entidades son protegidas, tanto por Dios como por Sus ángeles, pero, siento que los niños tienen una afinidad especial por los Ángeles y viceversa, porque ellos apenas acaban de llegar del Más Allá, o sea, del Hogar.

Lloydine de Florida escribe:

"En 1965, viajaba de California a Colorado. Era la primera vez que yo conducía un auto automático y menos aún en la nieve. Mi auto comenzó a patinar y no sabía cómo hacer para detenerlo, pero, de repente, se enderezó. Entonces, mi suegra tomó el volante y nos fuimos cuesta abajo por un terraplén de unos cinco metros. Cuando llegamos al fondo, el auto estaba frente a la colina, no había huellas en la nieve y no nos volcamos, ni fuimos dando tumbos. Simplemente, quedamos colocados suavemente en la tierra. En la silla del frente, entre mi madre y yo, estaba mi bebé, quien tan sólo tenía cuatro meses de edad y no tenía cinturón de seguridad ni nada por el estilo. Acostado en la parte trasera, estaba mi hijastro de dos años. Ninguno de los niños se salió de sus sillas, y ninguno de nosotros recibió ni la más leve cortada o golpe. Creo, verdaderamente, que mis ángeles nos salvaron. Creo que ellos tomaron el auto y lo colocaron con suavidad en la tierra. Sé que ellos están aquí. Los puedo sentir, y siempre me cuidan muy bien."

De nuevo, este es el mismo tipo de experiencia que Amy y yo, y tantas otras personas, hemos tenido. ¿Comprenden ahora por qué me altero un poco cuando la gente pregunta: "¿Y qué tanto es lo que hacen los ángeles por nosotros?" Cuando observamos nuestras vidas, podemos fácilmente ver los casos en que casi nos sucede algo, que hubiera trastornado por completo nuestras vidas; o advertencias que sentimos muy en nuestro interior, las cuales al prestarles atención, salvaron nuestras vidas. Todos estos son ejemplos de los Ángeles y de su deseo eterno de protegernos y cuidarnos.

Comunicación con los Ángeles

Cada uno de nosotros tiene sus Ángeles individuales. Una vez que los invocamos, nos son asignados de inmediato y no se van de nuestro lado durante todas nuestras vidas. Francine dice que ella ha visto incluso personas que se apegan tanto a sus Ángeles en esta vida, que cuando fallecen, siguen caminando en el Más Allá con toda su banda de Ángeles.

En cualquier momento que deseemos enviarles nuestros Ángeles a alguna persona para ayudarla o protegerla, es posible hacerlo. Todo lo que debemos hacer es pedir, y más Ángeles vendrán a proteger a nuestros seres amados. Muchos de nosotros tenemos cuatro o cinco ángeles a nuestro alrededor, y podemos, fácilmente, tener más. Sólo tenemos que pedirlo.

Los Ángeles son los asistentes de Dios que vienen a ayudarnos en la lucha, durante nuestro paso por este mundo. Aunque los Ángeles no hablan, sí se comunican por telepatía. Ellos pueden escuchar nuestras voces, y pueden leer nuestros pensamientos, pero solamente si les damos permiso de hacerlo. Ningún ángel, entidad o guía espiritual puede entrar en nuestras mentes sin permiso. Pero, si les permitimos a nuestros Ángeles que lean nuestras mentes, entonces podemos invocarlos en cualquier momento sin tener que verbalizarlo.

Para comunicarnos con nuestros Ángeles, tenemos que hablar al igual que si nos estuviéramos comunicando con nuestros guías espirituales. De hecho, es más fácil comunicarse con los Ángeles que con los guías, porque los Ángeles son puro amor. Al contrario de los guías espirituales, que tienen sus agendas (tales como mantenernos en nuestro sendero, estar al tanto de nuestras misiones, acudir al Concejo para argüir sobre cierto tema, y similares), los Ángeles no tienen más pensamientos que nosotros en sus mentes. Ellos son seres puros, amorosos y protectores con canales de comunicación abiertos. No tenemos que estar en un estado de meditación o de conciencia alterada para comunicarnos con ellos. Podemos, solamente, hablarles de manera que se sientan cómodos, ya sea en forma de oración o de conversación casual. Les garantizo que nos escuchan.

Cuando les hablamos a los Ángeles, nuestros guías también escuchan. De igual manera, si les hablamos a nuestros guías, nuestros Ángeles también escuchan. Todos ellos trabajan en equipo. No hay secretos, confidencias ni egos. Un tipo de entidad no toma prioridad sobre otra en la comunicación. Sin embargo, algunas veces los Ángeles observan cosas que los guías espirituales no. Cuando esto ocurre, los Ángeles les proporcionan la información a nuestros guías espirituales. Francine dice que muchos de mis Ángeles le han dado información de la cual ella no estaba al tanto.

Los Ángeles son tanto observadores, como perceptivos; ellos están constantemente vigilándonos. Advierten cualquier rareza, cualquier pestañeo, cualquier contracción de la nariz. Se sabe que han llegado a decirle al guía: "Espera un minuto, veo un giro en el hombro, veo un gesto," y luego, el guía comienza a ponerle atención a algo que él o ella no había advertido antes.

¿Por qué no hay más personas que usan a sus Ángeles como herramientas de protección? Probablemente porque no están al tanto de que los Ángeles son tan personales. Puede ser que no se den cuenta de que cada uno de nosotros tiene Ángeles que son personales, así como cada uno de nosotros tiene uno o más guías espirituales. Los Ángeles son herramientas de protección, que tienen la posición de figuras centinelas, listos para ser el espejo, los muros y la espada contra la negatividad. Cuando tenemos algo negativo en nuestras mentes, podemos invocar a los Ángeles para infundirnos sugerencias o pensamientos positivos. Si alguien puede sacarnos de una depresión, es un Ángel. Repito, a menos que pidamos, no recibiremos. El poder está en pedir. "Buscad y encontraréis": ¿cuántas veces nos dijo esto Nuestro Señor? "Golpead y la puerta se os abrirá".

Los Ángeles pueden reconfigurar la memoria celular, la cual es la memoria de las enfermedades pasadas contenida en las células de nuestros cuerpos, ya sea más temprano en la vida presente o en una vida pasada. Si sabemos con certeza lo que está funcionando mal, como por ejemplo una vesícula en mal estado, podemos sencillamente pedir: "¿Podrías por favor ayudarme a sanar mi vesícula o quitarme la memoria celular de tener problemas en la vesícula?" Sin embargo, debemos ser precisos, porque decir algo como: "No me siento bien" no es lo suficientemente específico. Y recuerde, esta información jamás tiene la intención de negar la intervención médica.

Hasta a un Ángel puede servirle un poco de ayuda

Los Ángeles sirven como los protectores y los activadores de la vida diaria. Ellos están aquí para limpiar, arreglar, o abrirle el camino a los demás. Pero, algunas veces, hasta los Ángeles más poderosos necesitan un poco de ayuda. Ocasionalmente, se encuentran en una situación que no está bajo el dominio de su experiencia, la cual es protección. Cuando esto ocurre, llaman a otra categoría para que los ayuden.

Voy a explicar con mayor detalle cómo es que los Ángeles podrían necesitar ayuda. Supongamos que una de las personas a su cargo resulta con una enfermedad grave. Al contrario de algunas de las otras categorías, los Ángeles no conocen nuestras misiones, entonces, el guía espiritual de la persona debería transmitirles una advertencia. El guía podría decir: "Mi persona se encamina hacia una mala situación." El guía invocaría a los Arcángeles o a los Poderes (ángeles adeptos a la sanación) en busca de ayuda, o le pediría a los Ángeles que solicitaran ayuda de los Arcángeles y de los Poderes. O, si fuera necesario, los Ángeles podrían pedirles a algunas de las categorías más elevadas, como los Tronos y los Principados, que llamaran al Concejo y pidieran asistencia. Los Ángeles no pueden llamar al Concejo ellos mismos, pero, en situaciones de terrible necesidad, ellos serían los que invocarían la caballería, por llamarlo de este modo.

Tal como lo mencioné con anterioridad, los Ángeles pueden transmitir mensajes, pero no son tan efectivos haciéndolo como los Arcángeles. Debido a que los Ángeles están todo el tiempo a nuestro alrededor, en las trincheras, como dicen ellos, le transmiten lo que han visto a los Arcángeles, quienes no están todo el tiempo con nosotros. Los Arcángeles pueden, entonces, transmitir el mensaje.

Por lo general, nuestros guías encabezan todo esto, pero muchas veces los guías podrían no estar al tanto de algo, entonces el Ángel transmite el mensaje de ayuda en su lugar.

Visiones de Ángeles

Todos hemos escuchado historias de Ángeles que aparecen en forma humana, pero no siempre los reconocemos como Ángeles en el momento de su aparición. Algunas veces es solamente después del hecho, que nos damos cuenta que hemos tenido una experiencia con un ángel.

Susan escribe:

"Esto ocurrió en 1957 ó 1958. Mi esposo en esa época —ahora estamos divorciados— estaba asignado en Inglaterra. Habíamos ido al cine juntos, y en medio de la película, dijo que se iba a tomar unas cervezas, pero que volvería a recogerme cuando se acabara la película. Sin embargo, cuando la película se acabó, él no apareció por ningún lado. Eran las 10:30 de la noche, estaba muy oscuro y había neblina, y me quedé ahí esperándolo hasta las 12:30. Yo no tenía ni un centavo para pagar un taxi, y nuestro hogar estaba a unas siete millas. Mientras me encontraba ahí sola y temerosa, un hombre apareció y me dijo: 'No debería estar aquí a esta hora de la noche y sola.' Llamó un taxi, me preguntó en dónde vivía y le tendió dinero al conductor. Cuando me giré para darle las gracias, había desaparecido. Mi esposo llegó a casa a las tres de la mañana del día siguiente, muy enojado porque yo no lo había esperado. Si no hubiera sido por este hombre, de quien siempre he creído que fue un ángel, me habría quedado ahí parada todo ese tiempo."

El actor Mickey Rooney cuenta una historia acerca de un joven con el cabello rubio dorado, que se le apareció en un restaurante cuando él estaba pensando en suicidarse. El mesero, que usaba una chaqueta roja con botones en bronce, al igual que los demás meseros, le dijo: "Tú no quieres hacer eso hoy. No quieres quitarte la vida." Más tarde, cuando Mickey le dijo al jefe de meseros que deseaba darle las gracias al bello mesero con el cabello rubio, el jefe de meseros le dijo que no había nadie en el restaurante que se ajustara a esa descripción. Mickey pasó por todo el grupo de meseros preguntándoles uno por uno si conocían a esa persona, pero todos contestaron que no. En ese momento fue que comprendió que un ángel se le había aparecido para darle ese mensaje maravilloso.

La mayoría de las personas pueden recordar una experiencia en que un extraño viene a darles un mensaje de algún tipo, o cuando se sentían como impulsados a encender la televisión y ver un determinado programa, o escuchar la radio y de repente recibir una respuesta a un problema. Los Ángeles son mucho más poderosos de lo que creemos. Es probable que ellos sean uno de los aspectos de la creación más subestimados y menos considerados por nosotros.

El presentador del programa de televisión (y buen amigo mío), Montel Williams, no solamente ha sido un ángel para mí y para muchos en esta tierra, sino que a él también se le apareció un Ángel cuando estaba en el hospital. Estaba literalmente desángrandose por la nariz cuando vio un Ángel en un rincón de la habitación. El Ángel le dijo: "¿Quieres calmarte, por favor? Para. Cálmate, ¿Por favor, te calmas?" Montel quedó tan estupefacto que se calmó de inmediato. Dijo que el Ángel le hizo sentir una serenidad como jamás antes había sentido.

Los Ángeles, no solamente pueden asumir distintas formas, sino que, además, pueden ocasionar cambios colectivos:

"Hace muchos años cuando trabajaba para un bufete de abogados, me daban una vez al mes contracciones musculares severas, y en una de esas ocasiones decidí irme a casa a la hora del almuerzo y recostarme. Eso hice, pero no lograba dormirme debido al dolor. Traté por fin de levantarme y no pude. Sentía como si me empujaran a acostarme, pero estaba sola. No podía pedir ayuda. Esto ocurrió durante unos minutos más y de repente me liberaron. No me sentía asustada, sólo confusa. Mientras conducía de regreso a mi trabajo, pasé por un accidente de múltiples autos en el camino por donde habría estado conduciendo, si hubiera estado ahí unos minutos antes. Agradecí de inmediato a quienquiera que hubiera sido el que me ayudó a evitar esta posible situación fatal."

Yo sé que esto fue de verdad la intervención de un Ángel. ¿Por qué? Porque he recibido muchas historias similares, y porque yo misma tuve una experiencia similar hace algunos años. No obstante, ¿por qué algunas personas *nunca* tienen la visión de un Ángel? Estoy segura de que lo hacen, solo que no se dan cuenta de lo que están viendo o sintiendo. Un ligero roce en el borde del ojo, puede ser un Ángel. Una sensación instantánea de bienestar o de amor es un Ángel. Teológicamente, es completamente lógico pensar que un Dios que es puro amor, nos enviaría a sus amados para cuidarnos. Creer, nos llena de una energía que facilita la entrada de los Ángeles. El solo hecho de que *pudiéramos* creer, los ayuda a llegar con más facilidad. El pesimismo, la desesperación y la incredulidad son bloques negativos. No creer en ellos no quiere decir que no estén ahí; creer en ellos solo facilita la afirmación de su presencia. La fe es la energía interior que conduce al sendero de nuestras almas.

Protección a larga distancia

Por la noche, le pido a los Ángeles que rodeen mi hogar, mis hijos, mis nietos, mis seres queridos y a todas las personas de este planeta. Al pedirles esto, los Ángeles sí vienen, y como cada día lo entiendo mejor, he notado que invocar a una categoría específica representa también una gran diferencia.

Salmos 91:10–12 nos dice: "No te sobrevendrá mal ni plaga tocará tu morada, pues a Sus Ángeles mandará cerca de ti, que te guarden en todos tus caminos. En las manos te llevarán para que tu pie no tropiece en piedra." Es interesante notar que en este salmo, así como en otros escritos religiosos, desde los antiguos Vedas hasta los rollos del Mar Muerto, los Ángeles protegen, no solamente a las personas, sino también a la Tierra misma y a todas las criaturas que habitan este planeta. Sin embargo, no puedo enfatizar lo suficiente, que ningún guía espiritual o ningún ángel pueden jamás asumir el lugar del Dios amoroso de la creación. No quiero que nadie se pierda en ángeles, santos ni cualquier otra entidad, y olvide quién es en verdad el Gran Jefe. Úsenlos como una herramienta adicional en sus vidas y como una legión de bondad para combatir la oscuridad.

Yo, al igual que ustedes, he perdido la paciencia cuando la oscuridad desciende y me he sentido sola en mi período desértico... y algunas veces, he sentido como si Dios estuviera de vacaciones. Pero, he perseverado, y les aconsejo que hagan lo mismo, porque sé que todo es para bien, especialmente si mantenemos nuestra mirada en el objetivo, el cual es no dejarnos disuadir de la ley universal que nuestro Señor nos enseñó: haced a los demás lo mismo que deseáis para vosotros. Cuando estamos en este sendero, es más fácil que los ángeles nos ayuden.

Jason escribe:

"Mi madre creía en los ángeles. Llevaba coleccionándolos muchos años. En la Fiesta de la Remembranza de los Veteranos del año 1999, mientras se encontraba de vacaciones en México con sus amigas, se mató en un accidente de automovilismo. Mi familia recibió sus maletas unos días antes del servicio conmemorativo de su muerte. Dentro de su maleta encontramos unos rollos fotográficos sin revelar. Los enviamos a revelar y pudimos reconstruir sus vacaciones; y una de las últimas fotografías era de un camino polvoriento con el cielo de fondo. En el cielo, notamos que una de las nubes tenía la forma perfecta de un ángel. Como la foto no era nada más que el camino y el cielo, pensamos que ella también notó el ángel y le tomó una foto. Poco después, murió. Rogamos que ese ángel haya estado con ella en el auto y se la haya llevado al cielo."

Esto es típico de muchas de las cartas que he recibido: historias de ángeles en el cielo, al frente o dentro de un auto. Claro que este ángel llevó a la madre de Jason directamente al cielo, o como lo decimos nosotros, al Más Allá. No sintió ningún dolor y murió de inmediato. No solamente vienen nuestros guías en el momento de nuestra muerte, también vienen nuestros seres queridos y nuestros ángeles.

La siguiente historia, aunque un poco larga, confirma muchos de los elementos de las historias de ángeles que he recibido. También confirma mi propia experiencia, de que los ángeles no sólo vienen con alas y colores gloriosos, sino además, en forma humana.

Darlene escribe:

"Dios envió a mi ángel guardián a ayudarme un sábado en la mañana de abril de 1982. Mi esposo tenía que trabajar ese día, y yo estaba en casa sola con nuestras dos hijas (de cuatro y ocho años). Comencé a realizar mis diligencias sabatinas, las cuales incluían recoger toda la basura de la casa y quemarla en el barril de incinerar en el patio trasero. Vivimos en una casa en el campo en las praderas de Wisconsin. La nieve ya se había derretido en ese abril, y el pasto de la pradera comenzaba a secarse con los vientos de la primavera.

"Esos vientos primaverales decidieron llevar el fuego del barril de incinerar hacia los pastos de las praderas. Para cuando me di cuenta, el fuego había comenzado a propagarse (afortunadamente lejos de la casa). Llamé a mis vecinos, Shirley y Mike, para que me ayudaran. Todavía no teníamos la manguera para el jardín, entonces, tomamos unos trapos y comenzamos a mojarlos bajo la llave del exterior para combatir el fuego. El viento arreció y comenzamos pronto a perder la batalla. Entonces, llamé al departamento de bomberos.

"Corrí a lo lejos buscando ayuda y fue ahí cuando mi ángel apareció. En ese momento, vi huellas de ruedas a todo lo largo de la parte trasera de nuestra casa, pero, al principio, no me pareció ver a esta persona aparecer en una motocicleta. Él o ella (no lo sé porque tenía un casco con un visor tintado cubriéndole el rostro) se bajó de la motocicleta y comenzó a caminar a lo largo de la linea del fuego apagándolo. Me pareció una eternidad ver los cedros alzarse en bolas de fuego, antes de que el departamento de bomberos llegara, finalmente. Se perdieron, lo cual es otra historia. Vivimos cerca del Lago Wisconsin, y ellos se habían ido al lado equivocado del lago. Pero, el incendio estaba apagado para cuando ellos llegaron. Corrí a decirles a los bomberos que no sacaran ningún equipo de su camión y para cuando había regresado al área del incendio, mi ángel había desaparecido tan rápidamente como había aparecido. Nadie lo vio irse ni tampoco tuvimos la oportunidad de darle las gracias.

"Mike, Shirley y yo nos mirábamos los unos a los otros completamente estupefactos. Todos sabíamos con certeza que había sido un ángel. Estábamos combatiendo febrilmente el incendio con trapos mojados, y mi ángel caminó con calma a lo largo del incendio hasta apagarlo. Por lo general, solo merodeaban por esos caminos los chicos con sus bicicletas sucias.

Ninguno de nosotros había visto jamás a una persona (mi ángel) vestido así antes; y ninguno lo ha visto tampoco desde entonces.

"Sé, en lo más profundo de mi corazón, que Dios me envió a un ángel ese día. Antes de la película *Michael,* algunas personas se burlaban de mi historia, porque ellos creían que los ángeles solamente aparecían con vestimentas blancas con alas y todo eso, pero mi ángel vino vestido con un casco de motociclista con un visor solar tintado, chaqueta de cuero negro, guantes negros y botas pesadas, y le agradezco a Dios que me lo haya enviado."

Las historias a lo largo de este libro muestran, no solamente que los ángeles pueden tomar formas, sino también, como lo dice Francine, se pueden manifestar bajo cualquier apariencia. Tal cual lo dice la Biblia en Hebreos 13:2: "No os olvidéis de la hospitalidad, porque por ella, algunos sin saberlo, hospedaron ángeles."

MEDITACIÓN PARA LA PROTECCIÓN Y LA PAZ MENTAL

Siéntese en una posición cómoda de meditación. Cierre sus ojos. Descanse sus pies, sus tobillos, sus pantorrillas, sus rodillas, sus muslos y el área de sus caderas. Afloje y relaje su torso, brazos, dedos de las manos, cuello y cabeza.

Relájese e inhale profundamente tres veces. Rodéese de sus ángeles. Pídales que lo envuelvan con sus alas. Véase en un magnífico templo en donde hay filas y filas de ángeles cantando la gloria de Dios. Sienta el amor y las luces de colores que emanan de esos seres gloriosos. Sienta el amor envolviendo todo su ser y alejando el desespero, la ignorancia y el miedo. Sienta la luz de Dios brillando en usted y libérese de la culpa, el arrepentimiento y hasta la enfermedad. Permanezca en ese templo de mármol y sienta que está siendo bendecido por el cielo. Recuéstese ahí y relájese, sienta la paz.

Esta es una buena meditación para usar antes de ir a dormir. Aclara su mente, le ayuda a saber que está protegido y, también, lo aleja de las pesadillas.

III
Los Arcángeles

"Alabado y loado sea Alá,
creador de los cielos y la tierra,
quien hizo a los ángeles Mensajeros con dos,
tres o cuatro alas."

— Corán 35:1

Al igual que los demás ángeles, los Arcángeles, la segunda categoría de ángeles, no tienen nombres individuales, aunque a Francine le gusta llamarlos a todos "Michael." Su símbolo o elemento es la lluvia, lo cual se manifiesta en la limpieza y la sanación que ellos hacen. Su joya es la aguamarina, cuyo color azul concuerda con las puntas de sus alas blancas, y significa tranquilidad, y el cielo que todo lo abarca. Su tótem o ánima es el lobo, un símbolo de su velocidad y resistencia como mensajeros, el cual es su propósito definido.

Podemos invocar a los Arcángeles para enviarles mensajes a otros ángeles o a otra persona. Si no me cree, intente este pequeño experimento. Pídales a los Arcángeles que envíen un mensaje a su hijo o hija, o a alguien de quien no haya oído hace un tiempo, y pídales que lo llamen por teléfono. No tema pedirles a los Arcángeles que confirmen su validez; a ellos no les importa ser examinados ni se enojan por eso. Al contrario de los guías espirituales, de quienes se ha sabido que han acudido al Concejo a armar un escándalo por la mala vida que llevan algunos, los Arcángeles no conocen el significado de la palabra *enojo*.

Los Arcángeles, como los Ángeles y todas las demás categorías, son facilitadores. Son la personificación del amor de Dios, y están aquí porque Dios sabe que es importante para nosotros estar rodeados por estos mensajeros celestiales. Nunca deberíamos decir: "¡Oh, no podría llamar a un Arcángel.

Ellos son demasiado evolucionados." Podemos y debemos invocarlos y permitirles servir su propósito primordial para nuestro beneficio.

La siguiente carta de Sandra muestra que los ángeles están siempre con nosotros. Cuando tenemos el privilegio de verlos y escucharlos, ya sea en "forma de ángel" o como mensajeros en forma humana, que nos brindan un mensaje de esperanza o una advertencia, es como un hermoso paréntesis en el tiempo.

Sandra escribe:

"En el verano de 1989, tenía casi tres meses de embarazo y acababa de descubrirlo un viernes en la tarde, después de usar una prueba de embarazo casera. Estaba muy eufórica, ya llevaba tres años de casada y me sentía lista. Mi doctor me había quitado la píldora hacía una par de semanas, porque yo estaba sintiendo algunos efectos secundarios nocivos. Al llamar al doctor el lunes en la mañana, para contarle las buenas nuevas, me dijo que fuera de inmediato y así lo hice. Después de un breve examen, me envió a hacerme un ultrasonido. Debí haber sabido en ese momento que algo sucedía. Cuando regresé a donde mi obstetra, me informó entonces que era un embarazo extrauterino y que requería cirugía inmediata. Justo en ese momento, llamó al hospital y me puso una cita para la siguiente mañana. Pedí hablar con el anestesiólogo. Mi tía había muerto seis meses antes, era alérgica a la anestesia y había muerto antes de comenzar su cirugía.

"Me dormí rápidamente y en la oscuridad vi una luz que venía hacia mí a gran velocidad. Era tan brillante, más brillante que todo lo que había visto en mi vida, y luego lo vi: un ángel totalmente perfecto. Nunca sentí tanto amor, mientras me miraba con sus amorosos ojos. Me habló, no recuerdo en qué idioma, pero nos escuchábamos mutuamente. Me dijo que no me preocupara, que todo saldría bien. Me puso sus brazos alrededor, como si me estuviera abrazando, pero nunca me tocó. Yo quería irme con él y dejar egoístamente a todos. Advertí que sus alas eran más altas que su cabeza y que tenían luces. La piel era como porcelana y sus hermosos cabellos eran largos y rubios. Las palabras se quedan cortas tratando de describirlo. Nunca olvidaré su belleza, cuando se acercaba para consolarme. Me sonrió; y luego la luz se alejó hasta desaparecer.

"Todo se oscureció de nuevo hasta que me desperté esa tarde. Lo primero que le dije a la enfermera fue que un ángel me había visitado; ella sonrió mientras le pedía a mi familia que entrara. Durante mi recuperación en casa, sólo pensaba en él. Se lo dije a mi esposo, a mi madre y a mi hermanita Patty. No me creyeron en ese entonces, aunque creo que ahora sí me creen.

"Por años, después de esa experiencia, que mantuve muy cerca a mi corazón; también me han ocurrido otras cosas de vez en cuando. Cuando me estoy quedando dormida, siento alas tocando mi rostro. Me he levantado muchas veces, enciendo las luces para ver si hay algo sobre mí, pero no encuentro nada. Mientras me quedo dormida, me siento acariciada, me siento muy amada. Aunque no lo veo, lo siento."

La carta de Sandra, al igual que muchos de los cientos de cartas que he recibido, incluyen muchos de los aspectos que todo el mundo describe: la comunicación telepática y los sentimientos maravillosos de seguridad y confianza. Es interesante notar cómo brillan las alas del ángel. Estoy convencida de que este tipo de brillo es una emanación de sanación, ofreciendo el consuelo del amor de Dios.

El cetro de sanación

Tal como la carta de Sandra lo ilustra, los Arcángeles no solamente llevan mensajes, también son instrumentos de sanación. Cuando son invocados, los Arcángeles llegan velozmente. De hecho, Francine dice que ¡a veces llegan haciendo un estruendo! Ellos no pasan por encima de los demás ángeles, pero cuando un Arcángel aparece, todos los demás ángeles muestran un profundo respeto.

Los Arcángeles llevan lo que Francine describe como la batuta o el cetro de la sanación. La batuta de un Arcángel viene de un precioso estanque color verde esmeralda del Pabellón de la Sabiduría, un centro de orientación del Más Allá. Cuando alguien está en una mala situación y les pide ayuda, los Arcángeles toman sus hermosas batutas verdes del agua verde esmeralda, casi cristalina, y las llevan directamente a esa persona. La tocan con la batuta, justo en el chacra del corazón.

La batuta de la sanación tiene una bola de cristal redonda en cada extremo y brilla intensamente. Tiene una manija para asirla con dos orbes redondas y hermosas, que se convierten en casi verde cristal. Cuando se toca a la persona en el chacra del corazón, toda la batuta se oscurece, absorbiendo la enfermedad o la negatividad. Es sorprendente ver cómo se torna de color negro azabache cuando un Arcángel realiza una sanación. Después de esto, el Arcángel regresa al estanque y sumerge el cetro en el agua, sonriendo mientras la batuta se aclara de nuevo. No es que los Arcángeles lloren, pero se sienten más sombríos cuando una batuta no ha servido para nada. Siempre están felices cuando logran realizar una sanación, no por orgullo, sino porque se sienten complacidos por una misión bien cumplida.

Si la batuta no se oscurece, quiere decir que no hay nada que un Arcángel pueda hacer. La misión de la persona ha anulado su solicitud. Ahora bien, en ningún caso debemos creer que la oscuridad proviene de una mala vibración o de un conjuro o algo por el estilo. Nunca, jamás debemos siquiera considerar o pensar en algo así. Algunas veces una persona no puede ser, o sencillamente, se resiste a ser sanada, quizás en un nivel subconsciente o superconsciente. Por cierto, que no debemos sentirnos mal si no podemos ayudar a alguien a sanarse, porque su propia voluntad o su misión puede a veces anular nuestros deseos.

Arcángeles y Azna, la Diosa Madre

Por trágico que suene, la persona (o alguien trabajando en su beneficio) debe pedirles a los Arcángeles su intercesión. Francine ha conocido unos cuantos Arcángeles que han ayudado a las personas porque Azna, la Diosa Madre, les ha pedido que lo hagan. En esos casos, el Arcángel sabe que Dios quiere que los sane, o que es su destino sanarse, o que Azna ha intercedido para que ellos sean sanados; y es una sanación maravillosa. Pero, la mayoría del tiempo, la persona o alguien que esté trabajando en su beneficio, tiene que pedirles a los Arcángeles la sanación. Así pues, cuando usted desee interceder por la sanación de alguien (por ejemplo, de todas las personas que tienen SIDA), invoque a los Arcángeles.

Para aquellos que pueden no haber leído alguno de mis otros libros, vale la pena mencionar que todas las religiones, incluyendo el Cristianismo, han destacado la contraparte femenina de las deidades masculinas. Es casi ridículo creer que Dios tiene solamente un lado masculino, y virtualmente, ninguna de las religiones principales estaría de acuerdo con esto. Estoy segura de que a Dios no le importa el nombre que le demos, ya sea Azara, Teodora, Sofía, Isis o cualquier otro nombre. En el Catolicismo, fue María. En Turquía, fue Anatol. En el Budismo, es la Señora del Loto. En nuestra iglesia Gnóstica, la llamamos Azna, el cual es el nombre antiguo Gnóstico para la Diosa Madre. La razón por la cual vale la pena mencionarla aquí es no solamente con fines aclarativos, sino también, porque muchos de los ángeles responden a Su llamada.

Azna lleva el símbolo de una espada dorada, la cual, puede usted haber notado que tiene la misma figura de una cruz. Su espada no simboliza el daño, sino, más bien, es una señal de que Ella puede atravesar la oscuridad y la negatividad de este mundo, que algunos llamamos escuela (o infierno, como yo he decidido llamarlo). Cuando es invocada para disipar la oscuridad, Azna esgrime Su espada para dividir la oscuridad y dejar que entren la luz y la esperanza. Solo le puedo aconsejar que si usted desea que sus oraciones sean escuchadas, ore a Azna. Tengo miles de testimonios que lo corroboran. Las personas que le hacen a Ella sus peticiones, o que también invocan Su miríada de ángeles, obtienen rápidamente sus respuestas.

También podemos invocar a Azna y a los Arcángeles para que nos ayuden en nuestras vidas diarias. He oído a muchas personas expresando la idea de que sienten temor de pedir ayuda para ellas mismas. Nunca deberíamos sentirnos así. Si pedimos en nuestro beneficio, Azna y sus ángeles vendrán a nuestra ayuda.

Visitas de los Arcángeles

La siguiente carta de Terri nos cuenta la visita de dos ángeles que, ciertamente, han debido ser Arcángeles:

"Cuando nuestro hijo tenía cuatro años, se enfermó gravemente de un problema respiratorio y yo tenía mucho miedo. He escuchado que las oraciones de las madres por sus hijos son las primeras y las más altas. Comencé a orar así: 'Ahora, quiero una prueba de que me escuchan. Por favor, ayuden a mi hijo. Necesitamos toda la ayuda angelical que podamos recibir para que pueda respirar. ¡Por favor, ayúdenlo!' Luego, lo llevamos al hospital y me olvidé por completo de mi oración.

"Mientras nos encaminábamos hacia el hospital, nuestro hijo miró hacia fuera del auto y dijo: '¡Mami, mira todos esos ángeles que están yendo al hospital con nosotros!' Yo no podía verlos, entonces, él me dijo que estaban arriba en las nubes y que uno de ellos era muy lindo.' Tan pronto como llegamos al estacionamiento del hospital, le pregunté si ellos seguían con nosotros. Él me contestó con un poco de irritación, mientras miraba hacia las nubes: 'Sí mamá, ¡te dije que ellos venían al hospital con nosotros!' Su fiebre se le pasó y su respiración se normalizó en el auto camino al hospital. Lo enviaron a casa con una prescripción de antibióticos. ¡Supongo que recibí la prueba que había pedido!

"El nacimiento de nuestro cuarto hijo fue también un milagro. Después de leer el libro de Sylvia, creo fervientemente que ése fue un momento clave para los dos. El doctor me preguntó si yo me había percatado de que Dios había sostenido mi mano todo el camino hasta el hospital. Ocurre que en el hospital y, durante aproximadamente una semana después de llegar a casa, podía ver una sombra siempre alrededor o con nuestro hijo. Le preguntaba a todo el mundo si ellos la veían, y todo el mundo creía que la causante era la droga para el dolor que me estaban administrando. Entonces, fue cuando decidí investigar el tema de los ángeles, y sentí que vi su ángel ayudándolo a mejorarse más rápidamente de lo que los doctores podían creer, sin efectos residuales."

Sanación emocional

Los Arcángeles pueden ser invocados para sanar áreas específicas. Si estamos terriblemente deprimidos, podemos pedirle al Arcángel que venga y coloque su batuta en nuestras cabezas. Si tenemos un mal de amores, podemos pedirle que coloque la batuta en nuestros corazones. También podemos pedirles a los Arcángeles que coloquen su batuta sobre nuestros hijos, para sanarlos de cualquier enfermedad. Las enfermedades no son siempre psicológicas y no deberíamos dudar en invocar a los Arcángeles, para cualquier sanación mental o emocional que podamos necesitar.

Sierra de la Colombia Británica escribe:

"Quisiera compartir una historia de ángeles que me contó mi padre. El día 11 de septiembre de 2001, mi padre, Nick, y su amigo, Harvey, fueron juntos a que repararan el vehículo recreacional de Harvey. Mientras ellos esperaban, mi papá me sugirió que esperáramos fuera ya que hacía un día muy bello. Una vez que estuvimos fuera, mi papá miró hacia el cielo y vio un ángel muy brillante. Al principio, pensó que era una nube, pero esta nube no cambiaba de forma, y de ella emanaba una luz increíblemente brillante. Era una luz que mi papá jamás había visto en la Tierra.

"Seguía pensando que estaba viendo cosas raras y entonces se lo enseñó a su amigo, quien quedó de una sola pieza. El ángel permaneció en el cielo por varios minutos. Este evento ocurrió en el momento en que las torres y el Pentágono recibían el choque. Cuando mi papá me lo dijo, casi pensaba que nadie le creería. Me dijo que nadie podría jamás convencerlo de que no existía Dios. Más aún, él dijo que Dios había enviado Sus mensajeros más poderosos en ese momento, para ayudarlos en su transición y para consolar a los que quedaron. Esto es para mí una prueba fehaciente del poderoso mensaje sobre el poder y el consuelo que los ángeles nos ofrecen, como un eslabón entre nosotros y la majestuosidad del amor de Dios."

Esto es absolutamente cierto, y es una maravillosa historia de Inspiración. En septiembre 11, hubo muchas historias de personas que vieron ángeles, lo cual, por supuesto, demuestra que Dios envió sus legiones de ángeles benditos para escoltar las almas al Más Allá y traernos a los demás un mensaje de esperanza.

Viaje astral

Los Arcángeles pueden sanar y transmitir mensajes, y también pueden hacer otra cosa. Ellos pueden sacarnos de nuestros cuerpos y llevarnos en un viaje astral. Para tener un viaje astral, o lo que algunas personas llaman experiencias fuera del cuerpo, podemos invocar a los Arcángeles para ayudarnos, porque estos mensajeros pueden venir dentro de nosotros y movernos hacia afuera. O, si los viajes astrales no le atraen, recuerde solamente invocar a los Arcángeles en cualquier momento para enviar un mensaje, pedir sanación o cuando necesite tener un poco de esperanza.

MEDITACIÓN PARA LA SANACIÓN
(de los Arcángeles)

Siéntese derecho, con la espalda recta, la cabeza inclinada ligeramente sobre los hombros. Cierre sus ojos. Descanse sus pies, sus tobillos, sus pantorrillas, sus rodillas, sus muslos y el área de sus caderas. Afloje y relaje su torso, brazos, dedos de las manos, cuello y cabeza.

Inhale profundamente tres veces y pida que la luz blanca del Espíritu Santo lo rodee, y que el amor del Dios Padre Madre entre en cada célula de su ser. Sienta la conciencia Crística al frente suyo. Ahora, comience a visualizar a los ángeles, altos y majestuosos, con sus alas extendidas. Véalos cómo se acercan y se acercan, y forman anillos a su alrededor, erigiéndose como centinelas de luz. Emiten un brillo aperlado. Están ahí para su protección.

En el anillo exterior, acercándose cada vez más a usted, están los Arcángeles, brillando con un color azul iridiscente. Inmediatamente, usted verá una especie de cetro en las manos de ellos, parecido a un cristal con orbes grandes y redondos en cada extremo. Los Arcángeles se le acercan amorosamente. Si siente dolor o angustia, pídales que lo sanen con sus cetros. Si no, déjelos que recorran sus cetros por su cuerpo y absorban cualquier enfermedad, dolor o negatividad. Permanezca sentado, tranquilamente, permitiendo que la gracia y el aliento de este momento queden impregnados en su alma.

Comience a volver a la conciencia, respirando profundamente. Antes de regresar por completo, pídales a los ángeles que se queden con usted o que vengan cada vez que los necesite. Ahora, despiértese por completo. Uno... dos... tres... cuatro... Vuelva por completo a la conciencia, sintiéndose maravillosamente bien.

Usted puede hacer esta meditación tantas veces como lo desee. Pienso que es particularmente efectiva en la noche.

Khristine___ ©

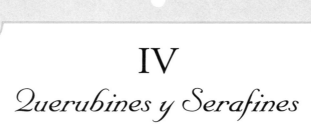

IV

Querubines y Serafines

"Y de pronto se juntó con el ángel una multitud
del ejército celestial que alababa a Dios diciendo:
Gloria a Dios en las alturas y paz en la tierra
a los hombres de buena voluntad."

— Lucas 2:13–14

Echemos un vistazo a dos clases de ángeles de los más alegres: los Querubines y los Serafines, los cuales están en el tercer y cuarto nivel de la categoría de los ángeles. Su elemento es la música. Y aunque algunas personas pueden creer que la música no es un elemento de la naturaleza, debemos recordar que la naturaleza tiene su propia música. El ánima o tótem de estas dos categorías es el canario, el cual está relacionado directamente con su propósito principal: el de ser un coro celestial de Dios. Su piedra, el cuarzo, representa las diversas refracciones de los tonos y las vibraciones en su música.

Los Querubines son ligeramente más altos que los Serafines, pero ambos tienen enormes y anchas alas blancas con las puntas coloreadas en rosa. Sus alas llegan hasta por encima de sus cabezas, y se pliegan más cerca de sus cuerpos que las alas de los Arcángeles. ¿Sabía usted que las puntas de las alas de un ángel brillan? Son luminiscentes, y parecen iluminadas desde adentro. La analogía más cercana que se me ocurre es la fosforescencia de los animales de las profundidades marinas. Los colores de las alas de los ángeles no son sólo para distinguirlos, también representan sus poderes o funciones, los brillantes colores son similares al uso de una insignia. En el caso de los Querubines y Serafines, las puntas de sus alas coloreadas en rosado representan el amor.

La otra única distinción entre las dos categorías es que los Querubines tienen una habilidad especial para el canto, mientras que los Serafines tienen una habilidad vibratoria y de entonación. La combinación de los dos es una canción no solamente edificante, sino que además producen música que no es de este mundo por su belleza, armonía y sonido.

El coro celestial divino

Los Querubines y los Serafines fueron creados para cantar, pero ¡Oh, Dios mío, qué canto! En el Más Allá, su propósito principal es estar en la estructura espectacular conocida como el Pabellón de las Voces, y cantar cada día llenando la atmósfera con la alegría y la felicidad de su música. Conforme las varias entidades del Más Allá, se ocupan de sus actividades diarias, tales como: investigaciones, enseñanzas, orientaciones, cría de animales, o cualquiera que sea la labor en que hayan decidido enfrascarse, mientras van escuchando el canto de los Querubines y Serafines. Francine dice que eso es tan común, que aunque las entidades del Más Allá no lo asumen como un hecho, siempre están conscientes de las tonadas que están en el aire. Ella se refiere a eso como "práctica de coro." Usted se podría estar preguntando por qué los ángeles tendrían que practicar, ya que son seres tan elevados, pero ocurre que los Querubines y los Serafines siempre están componiendo y aprendiendo música nueva.

A través del tiempo, los Querubines y los Serafines han sido famosos por ser los coros anfitriones del cielo. Cuando Jesucristo nació, y en otras grandes celebraciones o días festivos, los anfitriones del cielo estaban presentes cantando aleluyas. Francine dice que una de las cosas que todo el mundo ansía fervientemente en el Más Allá, es escuchar las nuevas melodías con las que estos alegres cantores festejan las celebraciones.

En el Más Allá, a menudo sus celebraciones coinciden con las nuestras, aunque también hay algunas distintas. Las entidades del Más Allá llaman a esto: "días muy celebrados", o "días muy santos", un término que tomaron "prestado" de nosotros. Bueno, quizás *prestado* no es la palabra correcta. A pesar de que el arameo es el lenguaje universal, hablado telepáticamente en el Más Allá, mientras las entidades han encarnado en vidas aquí en la Tierra y han regresado de nuevo al Hogar, el lenguaje como que se ha "polucionado" de algún modo, con la adopción de algunas de nuestras palabras informales, o de jergas y sus derivados.

Usted podría preguntarse qué tipo de música producen estos compositores celestiales. En los días de celebraciones, Francine dice que la música maravillosa se transmuta en cada una de sus propias células. Ella la describe como algo similar a la hermosa canción: "Clair de la Lune" de Claude Debussy, y explica que la música contiene más melodía que las composiciones "más pesadas" de Mozart o Bach. Algunas de las piezas musicales son parecidas a himnos que nadie puede cantar. Son más como tonos vibratorios que penetran en lo más profundo del alma. Los Querubines y los Serafines parecen conocer todas las tonalidades y sonidos que ningún ser humano jamás haya oído. Son vibratorios en su naturaleza, similar a un diapasón, pero no tan agudos, y emiten una fuerza que puede sentirse realmente.

Después de una sesión de trance en particular, en la cual Francine me describió la música de los Querubines y Serafines, salí del trance para encontrar llorando a Mary Simonds, una de mis preciosas ministras. Me preocupé de inmediato y le pregunté: "Mary, ¿dijo Francine algo que te haya molestado?"

"No," me respondió. "Hace muchos años me sucedió algo que no le he contado nadie. Fue en una época en que estaba muy desesperada y sentía que mi vida se derrumbaba. Iba de regreso a casa, miré hacia el cielo, y vi un grupo de ángeles cantando. No estoy segura de la letra de las canciones, sólo sé que era un sonido que jamás había escuchado antes ni jamás he vuelto a escuchar. Llenó mi alama tan plenamente que dejé de llorar y me sentí llena de paz, alivio y amor."

Mary, lo que te puedo decir es que nunca creas que es fantasía, pues acabas de comprobar de forma instantánea que todo fue real. De paso, vale la pena mencionar que yo nunca me doy cuenta de lo que sucede mientras estoy en trance. Tengo que escuchar la cinta grabada de las sesiones para escuchar y comprender toda la información que es proporcionada por Francine. Siendo una médium de trances profundos, un estado que a veces puede ser bastante desconcertante, a menudo siento cuando entro en trance, que los demás reciben la sabiduría o se divierten... mientras que yo permanezco en "otro lugar".

Voces angelicales aquí en la Tierra

La experiencia que Mary Simonds describió es sumamente inusual. Contrariamente a los otros ángeles que hemos explorado hasta ahora, los Querubines y los Serafines se ven o se escuchan muy raramente en este planeta. De los miles y miles de cartas que he recibido acerca de visiones de ángeles, diría que no más de diez han descrito la música producida por los Querubines y los Serafines. En su mayor parte, estos cantores celestiales no aparecen ante nosotros tan a menudo como lo hacen otros ángeles. Existe, sin embargo, un caso muy bien documentado relacionado con tres niños que salieron al campo y escucharon su alegre música.

Otro caso bien documentado tuvo lugar en Inglaterra, en abril del año 1876. Veinte personas estaban en una comida campestre, cuando, de repente, una de las mujeres miró hacia arriba. Frente a ella había ángeles que parecían flotar a unos 30 centímetros por encima del suelo, cantando a pleno pulmón. Curiosos ante la emoción de su amiga, los 19 testigos restantes también miraron hacia arriba y vieron lo mismo que ella.

Veamos, aquí ocurrieron dos cosas. Primero, al ser la atmósfera pesada en Inglaterra debido a la condensación, origina las brumas muy densas y frecuentes de las cuales tanto hemos escuchado, transmitiendo así la fuerza eléctrica. Segundo, el lugar en donde ocurrió la comida campestre era exactamente el lugar en donde queda el Pabellón de las Voces del Más Allá. En otras palabras, la fuerza eléctrica actuaba como conductora, atrayendo la música desde el Pabellón de las Voces hasta el lugar de la comida campestre.

Si esto parece un poco confuso, permítanme explicarme con más detenimiento. Según lo dije en *Life on the Other Side (Vida en el Más Allá),* la topografía del Más Allá corresponde exactamente con la de aquí en la Tierra. Nuestros continentes, montañas, ríos, lagos, océanos y bosques, todos existen en su perfección original, así como los dos continentes perdidos de la Tierra: Atlantis y Lemuria. Los nueve continentes resultantes en el Más Allá están divididos en cuadrantes, y ocurre que el Pabellón de las Voces se encuentra en el lugar que corresponde con Inglaterra de nuestro lado. Entonces, debido a las condiciones atmosféricas adecuadas, las 20 personas que estaban en el almuerzo campestre, fueron capaces de sintonizarse con los cantores angélicos, que estaban justo en ese momento en el Pabellón de las Voces.

Recibí una historia similar en una carta que me llegó. La remitente, una mujer, estaba sentada en su casa y pensó que había escuchado a alguien tocando "música angelical." Fue al patio trasero y descubrió que la música impregnaba toda su casa. Aunque ella no entendía lo que estaba ocurriendo, era sencillamente una cuestión de condensación en el aire, una telepatía muy densa, similar a lo que había ocurrido en Inglaterra más de un siglo antes, transmitiendo la música como un receptor telefónico.

Poderes de sanación

Las vibraciones y calidades de los tonos musicales de los Querubines y Serafines son más que hermosos y rebosantes: también pueden ser usados para la sanación. Estos alegres cantores raramente abandonan el Pabellón de las Voces del Más Allá debido a que no son invocados tanto como las otras categorías. Sin embargo, Francine dice que si los invocamos, vendrán, y ella ha sido a menudo testigo de los efectos sanadores de su música.

Los Ángeles saben automáticamente el nivel vibratorio que una persona necesita para la sanación, y si el "coro celestial" canta en esa zona vibratoria, puede ayudar inmensamente con el proceso de sanación. Su vibración y sus tonos musicales parecen tener un efecto sanador en los componentes eléctricos del cuerpo humano. Francine también nota que cuando los Querubines y Serafines cantan en el curso del proceso sanador, se elevan en el aire como espiral hasta que llegan a lucir como puntos. Este fascinante efecto de espiral, emula nuestro ADN con la música, impregnando todas y cada una de sus células.

Cherie de Washington escribe:

"Hace unos veinte años, viví algo que nunca olvidaré. Tenía unos 19 ó 20 años, y recuerdo que estaba muy deprimida, desesperanzada, no debido a una relación amorosa ni nada por el estilo, era una depresión profunda que ya había experimentado antes, aun siendo una bebé. Eran aproximadamente las 10:15 P.M. cuando me encontraba recostada en la cama y escuché un sonido. La mejor forma de explicarlo es que era como un cántico, pero no una canción, y recuerdo la música. Es algo que jamás había escuchado antes. Era tan extraño, que para ser honesta, casi me muero del susto. Mi papá estaba inválido y tenía un sueño muy liviano, si es que llegaba a dormir en la noche, y esperaba que se levantara a investigar, lo cual, debo añadir, había hecho antes en numerosas ocasiones cuando ocurría algo fuera de lo ordinario. Esa noche no lo hizo, entonces, me quedé acostada, mientras aquello sucedía durante unos buenos 20 minutos, o por lo menos, eso me pareció".

"A la mañana siguiente, estábamos desayunando y le pregunté qué que era ese sonido de la noche anterior. Pero, él no tenía idea de lo que yo hablaba, y aseguraba que había estado despierto. Así pues, decidí investigarlo (claro está, durante las horas del día). Por un tiempo, deambulé por el bosque (sabía que tenía que ser un culto o ceremonia diabólica o algo así), y recuerdo haber pensado: *Qué descarados, hacer algo así tan cerca de mi casa en el campo. ¿Es que no podían haber encontrado otros sitios a dónde ir?* Pero, mientras miraba por todas partes, no encontré restos de fogatas para sus sacrificios, nada... solamente leña y arbustos. Ese sonido había ocurrido *justo* fuera de la ventana de mi habitación, ¡como si hubieran acampado allí mismo!"

"En fin, pensé que lo mejor era olvidar todo el asunto, a pesar de que no podía sacarlo de mi mente. Llegó la noche. Estaba leyendo, todavía bajo esa nube de infinita melancolía, cuando comencé a escuchar ese cántico a falta de llamarlo de otro modo. Miré el reloj, y era exactamente la misma hora de la noche anterior. Estaba tan asustada que me enfurecí, encendí mi lámpara, y abrí las persianas de la ventana de mi habitación, pensando que podría atraparlos, pero, nada... no había fogatas ni luces de ninguna clase. Abrí la ventana, y el sonido no provenía tampoco de afuera, sino que estaba *¡todo a mi alrededor!* Me fui a mi cama, comencé a escuchar, y me embargó el sentimiento más pacífico que haya sentido jamás. Las lágrimas caían por mi rostro. No hay palabras en ningún idioma que puedan describir lo que escuchaba: era música, pero sin instrumentos musicales, música que jamás había escuchado, y que sabía que no existía aquí en la Tierra. Traté de absorberlo todo. Era absolutamente hermoso, y luego, se acabó. Miré de nuevo al reloj, y se había terminado exactamente a la misma hora que la noche anterior".

"A la tercera noche, estaba de nuevo esperando y rogándole a Dios que volviera, y así fue, a la misma hora y en el mismo lugar. Esta vez logré saborear cada instante mientras duró. Las voces más hermosas que haya jamás escuchado —ni siquiera la Iglesia de Charlotte podría compararse a esto—, nadie en este mundo podría. Por desgracia, aquí termina la historia. No hubo una cuarta noche. ¿Qué fue todo eso? ¿Estaban los ángeles cantando para mí? Jamás los he escuchado de nuevo y desde esa vez, he estado profundamente desesperada como en aquella ocasión."

La carta de Cherie es, definitivamente, una historia del coro celestial de los cánticos de los Querubines y Serafines. Su música no se parece a ninguna, y escuchar su sonido es en verdad una experiencia única en la vida. Aunque la mayoría de las sanaciones angélicas es realizada por los Arcángeles (con sus cetros), y las Potestades (con sus alas, de lo cual usted ya leerá en un capítulo posterior), ha habido casos en donde los Querubines y los Serafines los han ayudado usando sus cánticos vibratorios. Esto es especialmente cierto, en los casos de enfermedades terminales.

Para invocar a los Querubines y a los Serafines en nuestras propias vidas, podemos usar la siguiente meditación.

MEDITACIÓN PARA LA SANACIÓN Y EL REJUVENECIMIENTO

Colóquese en una posición relajada, ya sea sentado o recostado. Cierre sus ojos, relaje sus pies, sus tobillos, pantorrillas, rodillas, muslos y el área de su cadera. Relaje su torso, brazos, dedos, cuello y cabeza.

Rodéese de una luz multicolor, reflejando el blanco iridiscente, el verde, el azul y el coral. Haga que estos colores giren a su alrededor. Ahora, transpórtese a un hermoso edificio tipo románico, estilo catedral en su apariencia y lleno de pilares de mármol, y de velas que alumbran suavemente y bailan y lanzan sus destellos por doquier. Al principio, usted puede sentirse muy pequeño, pero mientras procede hacia la nave lateral de este hermoso lugar, siente como su cuerpo se fortalece, al igual que su mente y su alma. Justo antes de llegar a lo que parece como un altar de varios niveles, usted ve a estos hermosos ángeles. Sus alas están brillando, sus rostros están iluminados y todos lo observan con amor, compasión y comprensión.

Mientras usted se encuentra ahí, lleno de ese amor sin fronteras, comienza a escuchar su música. No la escucha sólo fuera de usted, sino que resuena en su interior. Es como si cada célula estuviera llena de este glorioso sonido. La música no suena muy alta sino que pulsa, sana, y es como orgásmica. Usted se siente lleno del amor de Dios y de este coro celestial. Quédese ahí todo el tiempo que desee, y permita que este bendito sonido llene su alma. Luego, salga lentamente de ese estado llevando consigo el canto de los ángeles.

Vaya a su catedral cada vez que lo desee. Cada vez se sentirá más sano y más rejuvenecido.

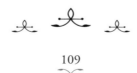

V

Dos nuevas categorías: Potestades y Celadores

"Así sucederá al fin del mundo:
saldrán los ángeles y separarán a los
malos de entre los justos."

— Mateo 13:49

En *Life on the Other Side,* escribí acerca de las ocho categorías de ángeles. Hasta hace poco, cuando Francine presentó nuevos datos en las series de sesiones de investigación bajo trance que precedieron este libro, yo no tenía conocimiento de las dos categorías adicionales: Potestades y Celadores. En este capítulo los conoceremos.

La habilidad sanadora de las Potestades

Tal como los Arcángeles, para la quinta categoría de ángeles, las Potestades, su función primaria es la sanación. Pero, al contrario de los Arcángeles, las Potestades no necesitan un cetro, o una batuta con un orbe dorado para facilitar la sanación. De hecho, las Potestades no usan ningún tipo de artefactos, sólo es necesaria su presencia, usando sus hermosas alas para formar un dosel protector alrededor de la persona que necesita sus habilidades sanadoras. Lo que no pueden hacer los Arcángeles, las Potestades sí pueden lograrlo rodeando literalmente a la persona con sus alas.

Las Potestades son muy grandes, casi enormes. Algunas de ellas varían de tamaño promedio hasta mediano, pero todas tienen la capacidad de llegar a ser enormes. El tótem de las Potestades es el halcón, cuya velocidad y perseverancia emula el propósito creado por las Potestades. Su elemento es la luna, una vez más, no un *elemento* por su naturaleza, como una *parte* de su naturaleza, lo cual significa el aspecto femenino o maternal. La piedra de las Potestades es la esmeralda, la cual, al igual que la batuta de los Arcángeles, irradia el color verde sanador. Las puntas de las alas de las Potestades también son de un blanco verdusco, con lo que percibimos como una descarga eléctrica de una llama azul. Cuando invocamos las Potestades, no solamente nos cobijan con el dosel de sus alas, sino que nos ofrecen una emanación eléctrica o magnética que va directamente a nuestros cuerpos, y actúa como una fuerza sanadora.

Cuando le damos rienda suelta a la poderosa habilidad sanadora que acabo de describir, podemos usarla para evitar o minimizar las enfermedades. La enfermedad es tan sólo un acceso al cuerpo que se ha quedado desprotegido. No quiero dar la impresión de que estoy retrocediendo a las creencias del este de la India, de que toda la negatividad es el resultado de un mal humor que ha entrado en el cuerpo, como una posesión demoníaca. Permítame explicarle esto de una manera más sencilla.

Cada día de nuestras vidas, nos enfrentamos con un ambiente negativo en el cual debemos vivir. Poseemos las defensas para combatir esta negatividad: nuestro sistema inmunológico, nuestra mente, nuestra energía, nuestros genes y nuestra memoria celular, la cual contiene la memoria de cada célula de nuestros cuerpos a lo largo de nuestra existencia total como entidad creada. Si nuestros sistemas de defensa no se usan y se mantienen, nuestros sistemas inmunológicos dejan de funcionar, y nuestra memoria celular se activa. Es posible que nuestra mente no esté al tanto de lo que está sucediendo, nuestra energía y perspectiva pueden debilitarse, y comenzamos a transferir la programación que escuchamos cada día. Nos dicen: "Oye, Mabel, no te ves muy bien hoy", o "Harry, parece que necesitas dormir un poco", y así comenzamos a desarrollar enfermedades.

La enfermedad es una realidad del cuerpo humano, ¿pero si vamos a sufrir de un resfriado o gripe, por qué no tenerlo por 15 minutos en vez de 15 días? El sistema inmunológico está directamente enlazado con la memoria celular. Cuando concientizamos a nuestra memoria celular —la cual es básicamente sensible— de que puede combatirlas, comenzamos a crear ejércitos internos para eliminar las enfermedades. Cuando programamos nuestras mentes para ser positivos, alimentarse apropiadamente, y descansar lo suficiente, completamos estos ejércitos internos. Estos pueden atraer a nuestros ejércitos externos, nuestros ángeles, quienes son los aceleradores de la sanación, al igual que mensajeros. No sólo pueden las categorías inferiores de ángeles sanarnos físicamente, sino que además, las categorías superiores, las Virtudes y los Principados, nos ayudan también a sanarnos mentalmente.

Historias poderosas de sanación y amor

He recibido muchas cartas de personas que dicen que cuando han orado, y le han enviado un ángel a un amigo o a un ser querido, la persona se ha curado, o ha visto al ángel, o han sucedido las dos cosas. Como dice Nuestro Señor: "pedid y se os dará". Esto aplica a todas las situaciones, por eso debemos tener presente el hecho de enviarle ángeles tanto a los demás como a nosotros mismos.

R. T. escribe:

"Recientemente, una amiga estaba pasando por un momento difícil debido a que sufría de asma. Yo no lo sabía, pero sentía que algo malo ocurría, entonces le pedí a Dios que le enviara un ángel para protegerla. Al día siguiente, cuando hablé con ella, me dijo que durante un ataque de asma llegó un ángel y se sentó en su cama. El ángel se quedó allí toda la noche, y a la mañana siguiente ella ya se sentía mejor. Ahora, cree de verdad en los ángeles y en los guías espirituales."

Marion escribe:

"He visto un ángel. Medía aproximadamente diez centímetros y era de un blanco muy brillante, pero no hería para nada mis ojos al mirarlo. Sus alas eran casi tan grandes como su cuerpo, y tenía una túnica blanca que llegaba hasta sus pies. Apareció cuando me sentía totalmente al borde de mis límites, en una época en que estaba casi totalmente agotada después de haber ayudado a mis hermanas a cuidar de mi madre, quien tenía cáncer del hígado, a mi padre que sufría de enfisema, y también a dos hermanas y a un hermano con el síndrome de Rothmund-Thomson. Con tantos viajes al doctor para los tratamientos y al cuidar a tantas personas al mismo tiempo, quedé completamente exhausta. No lograba conciliar el sueño, debido a que todas las actividades diarias seguían flotando en mi mente.

Una noche al esforzarme por rezar, miré hacia la puerta de la habitación y vi una lucecita blanca. Dio tres vueltas sobre la cama y se posó sobre el hombro de mi esposo que dormía, justo frente a mi rostro. Sólo tuve tiempo para identificarlo como un ángel diminuto. Mientras lo miraba, sentí una apacibilidad cálida y reconfortante, y creo que debí quedarme dormida de inmediato. Lo siguiente que recuerdo es que ya era de mañana. Era la primera noche que dormía profundamente en meses. No lo he vuelto a ver después de esa noche, pero su visita permaneció en mi mente, y me ofrecía la paz que necesitaba para relajarme y dormir. Al descansar lo necesario, pude seguir haciendo todos mis deberes. Con relación a mi familia, siempre supe lo que sucedería. Creo que lo que deseaba en realidad era la fuerza y la energía necesarias para cuidarlos. Dios me las dio, en la forma de una ángel diminuto. Sólo espero que mis hermanas también hayan tenido un ángel."

Ellas lo tuvieron, todo el mundo tiene su ángel.

A pesar de que Marion sabía lo que sucedería con sus familiares, esto fue un ejemplo de un ángel transmitiendo paz y tranquilidad, para ayudarla a superar su dolorosa jornada aquí en la Tierra. También confirma de nuevo la idea de que los ángeles vienen en todos los tamaños, formas, colores, y hasta en forma humana. Los ángeles, normalmente no vienen en un tamaño tan pequeño, pero pueden hacerlo. Por lo general, son altos y grandes en estatura, pero a veces cambian su forma o tamaño para ajustarse a la situación.

Los Celadores

Ningún otro grupo de ángeles hace lo que realizan los Celadores. La sexta categoría de ángeles aleja las entidades oscuras, las que se han separado de Dios desde el comienzo de la creación, muriendo en ese punto. Nadie toca a las entidades oscuras excepto los Celadores, quienes literalmente los atrapan y los escoltan al lugar que les pertenece en la creación de Dios. La única misión de un Celador es permanecer muy distante hasta que una entidad oscura se encuentre lista para cruzar al Más Allá, en el momento de su muerte.

Los Celadores fueron creados para proteger a las demás entidades, tanto en nuestro mundo como en el Más Allá. Son la causa por la cual las entidades maléficas no andan merodeando por la Tierra. Se trata de entidades destructoras y que no saben que están muertas, pero los Celadores no les permiten quedarse deambulando; tan pronto como ellos exhalan su último suspiro, los Celadores los atrapan de la forma más cariñosa, los mantienen aferrados a ellos, y los llevan con toda seguridad y tan rápidamente como pueden hasta el lugar que les corresponde. No dudan ni se detienen, ni miran hacia atrás. Ellos conocen su labor y la realizan de una manera amorosa.

Francine dice que todos en el Más Allá saben cuando los Celadores están cerca porque todo se detiene, como una "alarma de emergencia" en un hospital cuando alguien necesita resucitación de urgencia. Si una entidad oscura ha caído o muerto, todos los ángeles y guías retroceden abriéndole el paso a los Celadores para que entren. Si estuviéramos en la proximidad de una entidad oscura en el momento de su muerte, nuestros ángeles se doblegarían. Podrían desplegarse para protegernos, pero todo se detendría; todo se quedaría completamente inmóvil en el Más Allá hasta que los Celadores atrapan esa alma oscura y se la llevan rápidamente.

Los Celadores, por cierto, son hermosos. No son los gnomos diminutos y oscuros que representan en las películas. Su ánima o tótem es el cuervo, cuyo color negro se relaciona con la función de los Celadores. Su elemento es el viento, un tipo de aire que significa la naturaleza abarcadora de su labor: no permitir que se escapen las entidades oscuras. Su piedra es el ópalo, y sus alas son blancas con una tonalidad naranja.

Cuando Francine me contó acerca de esta categoría de ángeles, me sentí muy tranquila al saber que alejan a los malvados para que nosotros no tengamos que lidiar con ellos en el Más Allá. Pero, por favor, tenga en cuenta que ante la misericordia divina, todas las entidades juegan un rol para nuestra perfección. Si no existiera lo negativo, no podríamos buscar ser más positivos. Si las entidades oscuras no estuvieran en un lugar de redención, Dios las absorbería de regreso en la masa no creada. Nosotros, por otro lado, siempre permanecemos como seres individuales.

En muchas ocasiones, las personas me preguntan si podrían ser ellos mismos entidades oscuras o malvadas. El sólo hecho de que formulen esa pregunta demuestra que no son ni oscuros, ni malvados. Si lo fueran, no lo preguntarían. Las entidades oscuras nunca preguntan. Sólo parecen justificar cada acto malo u odioso que realizan, sin una pizca de arrepentimiento o de remordimiento.

Las personas me preguntan sobre espíritus oscuros o malvados en sus hogares, o cerca de ellos, pero eso es algo que sencillamente no ocurre. Es una manifestación de una enfermedad mental, o posiblemente un espíritu confuso y apegado a la tierra que ha muerto y no lo sabe, y por lo tanto, tiene tendencias suicidas, se irrita, se enoja o actúa de forma soez. Tales espíritus pueden ser terriblemente molestos en ocasiones, pero, en realidad, no desean hacernos daño. Son simplemente *poltergeists,* una palabra alemana que significa literalmente "espíritu burlón." Creo que esa es la razón por la cual siempre digo que debemos temer más a los vivos que a los muertos.

Protección del mal

A menudo me preguntan: "¿Acuden los ángeles a nosotros solamente cuando los invocamos?". La respuesta es no. Los ángeles siempre están cerca de nosotros, pero a veces vienen y van, no como nuestros guías espirituales, quienes siempre nos acompañan. Los guías espirituales tienen más movimiento lateral que los ángeles. Los guías pueden divertirse juntos, y conversar entre ellos o con el Concejo. Los ángeles no pueden hacer estas cosas. Son como misiles maravillosos, que nos son enviados con deberes particulares de los cuales no se desvían. Uno no verá a una Potestad realizando la labor de un Celador, ni verá a un Arcángel haciendo lo que hace un Ángel, o a un Ángel recogiendo un cetro con el orbe verde de un Arcángel. Tal como un gato no se convierte en perro, los ángeles no desorganizan sus categorías. Sus deberes específicos les son asignados. Luego, si usted necesita sanación, llame a las Potestades o a los Arcángeles.

Cada uno de nosotros tiene sus propios ángeles, pero cuando invocamos ángeles adicionales, acuden todos excepto los Celadores. Podríamos agotar nuestras fuerzas invocando a los Celadores, pero, si somos entidades blancas, no vendrán cerca de nosotros. ¿Por qué vendrían si no hay razón para que estén aquí? ¿Nos aman? Por supuesto que sí, pero no es su misión ocuparse de nosotros, a menos que seamos entidades oscuras, lo cual es su verdadero rol.

Sin embargo, hay una ocasión en la cual las entidades blancas pueden invocar a los Celadores en busca de ayuda.

Si deseamos mantener alejada de nosotros a una entidad oscura, podemos invocar a los Celadores. En esos casos, nos pueden proteger rodeando la entidad oscura, no a nosotros, y anulando sus influencias maléficas. No puedo **insistir en esto lo suficiente.** Si nosotros como entidades blancas estuviéramos rodeados de negatividad, los Celadores no vendrían a nosotros, irían a la fuente de la energía negativa. Los Celadores están totalmente asignados a las entidades oscuras.

Invocando a los Ángeles para la sanación

Hace muchos años, en la época de la antigua hipnosis terapéutica, se involucraban la fuerza magnética y la electricidad. El pionero de este tipo de terapias fue un médico alemán llamado Franz Mesmer, cuyo nombre nos dejó como herencia la palabra *mesmerize* que se traduce al español como *hipnotizar* o *magnetizar*. Mesmer fue uno de los primeros en usar agua en conjunto con la fuerza magnética y la electricidad. Él tenía el concepto apropiado, pero por poco electrocuta a algunos de sus pacientes, y casi fue linchado en Francia por esta causa. Está claro que logró efectuar algunas curaciones, pero su técnica era, en el mejor de los casos, arcaica.

Por fortuna, no tenemos que acudir a tales métodos. En vez de eso, podemos invocar a las Potestades, con su fuerza azul magnética. De hecho, podemos invocar a *todos* los ángeles que hemos mencionado hasta ahora, y pedirles que nos envuelvan en un círculo poderoso de sanación: los Ángeles con su protección, los Arcángeles con sus cetros de sanación, los Querubines y Serafines con sus cánticos de gozo, y las Potestades con su dosel de alas. Cuando los Arcángeles tocan nuestros cuerpos dolientes con sus cetros de sanación, cuando las Potestades nos circundan y emana su energía sanadora; y cuando los Querubines y Serafines giran en espiral con la vibración sanadora de sus tonadas, se desatan tremendas fuerzas sanadoras. Comprenda que la oscuridad no puede vivir donde resuena la música. La oscuridad no puede sobrevivir donde abunda el poder divino. La oscuridad no puede sustentarse por sí misma. Así es que use la siguiente meditación cada vez que desee rodearse de ángeles, y en particular, cuando necesite sanación.

MEDITACIÓN PARA LA SANACIÓN
(Por Francine)

Colóquese en una posición relajada de meditación. Cierre sus ojos, relaje sus pies, sus tobillos, pantorrillas, rodillas, muslos y el área de su cadera. Relaje su torso, brazos, dedos, cuello y cabeza, y sienta cómo sus ángeles comienzan a reunirse.

Sienta la primera categoría, los Ángeles, llegando con su protección. Sienta y perciba el revoloteo de sus alas, mientras lo empiezan a rodear con una barrera protectora.

Ahora, sienta cómo comienzan a llegar los Arcángeles, altos, y portando sus grandes cetros con los orbes verdes sanadores en cada extremo. Perciba las sensaciones, mientras comienzan a tocar su cuerpo con sus cetros de sanación, comenzando por la parte superior de su cabeza en el chacra de la corona, y descendiendo por todos los meridianos de su cuerpo. Sienta su tacto amoroso mientras ellos tocan ligeramente el tercer ojo, en medio de su frente, descendiendo hacia sus ojos, nariz, boca y garganta.

Mientras continúan hacia abajo con sus varas sanadoras, pueden hacer una pausa en un área particular, para concentrarse de manera más efectiva en una sanación. Si lo hacen, vea los cetros verdes absorber la enfermedad, y la energía negativa, oscureciéndose durante el proceso. Los Arcángeles ahora se mueven hacia su espalda y hombros, luego al área de su pecho, haciendo una pausa en el plexo solar, para limpiar ese importante chacra. Continúan hacia abajo con sus cetros sanadores, a través de su área estomacal, su torso, sus órganos reproductores y sus piernas, rodillas, pantorrillas y dedos de los pies, limpiando todo a su paso.

Ahora, perciba a los Querubines y Serafines mientras ellos crean un torbellino de música a su alrededor. Sus cánticos, aunque usted no pueda escucharlos, comienzan a llenar sus células con cada átomo de sus tonadas y vibraciones gloriosas. Cada Querubín y Serafín conoce su tono, para que de esta manera su cuerpo resuene con esa tonada.

Ahora, invoque a todos los ángeles, emanando la energía de sus tótems, y llevando todos ellos sus perlas, aguamarinas, cuarzos y esmeraldas. Invoque a las Potestades, erguidos con sus grandes y hermosas alas. Luego, las Potestades comienzan a rodearlo. Rodean la habitación o el área en donde usted se encuentra, pero también rodean su cuerpo con sus alas dobladas, casi como una tienda de campaña a su alrededor. Después, comienzan a emanar su carga eléctrica, y usted comienza a ver o a percibir los arcos azules de energía eléctrica entrando a su cuerpo. Esto no le hace ningún daño, sino que más bien comienza a sentir su limpieza, casi como una carga eléctrica que viaja ascendiendo y descendiendo por su cuerpo; enjuagando todo dolor, herida, angustia, sufrimiento, infección viral o enfermedad. Sienta cómo se sanan o se rejuvenecen todos su órganos vitales.

Las Potestades baten sus alas. Usted percibe el revoloteo de sus alas y hasta puede escuchar o sentir un ligero aleteo mientras lo hacen. Van a su memoria celular, y a su mente subconsciente, atrayendo memorias de una vida pasada, o de un incidente que puede haber causado enfermedades o dolor en su cuerpo. Ellos hacen que las células de su mente y de su cuerpo se hagan conscientes de lo ocurrido en su pasado, y de que eso ya no sea válido para este tiempo y espacio. Experimente esta visión o impresión, asimile toda la experiencia y *acéptela tal como es.* [Si usted está grabando esto para luego escucharlo y seguirlo, deje ahora un espacio en blanco en la cinta para esta experiencia.]

Ahora, libere esta experiencia o enfermedad del pasado, mientras la energía de las Potestades restriega todo hasta dejarlo reluciente de limpieza en su mente, y en sus células. Libérelo.

Sienta la calidez de las alas, y una suave brisa, circundada por el amor de Dios. Sienta la belleza de este momento mientras tropeles y tropeles de ángeles trabajan sobre usted, sanándolo y protegiéndolo. Ellos son enviados de Dios para ayudarlo. Sienta esta corriente eléctrica por todo su cuerpo. Entréguese a ella. No le hará daño, y podría sorprenderse si siente una cierta corriente en una parte de su cuerpo en donde no creía tener ningún problema. No la aleje de usted; ellos saben más que usted lo que su cuerpo necesita, ya sea el sistema linfático, el sistema de glándulas endocrinas, el corazón, los pulmones. Podríamos decir que debe dejarlos en total libertad para que trabajen sobre usted.

Luego, sienta que las Potestades se alejan lentamente como centinelas. Doblan sus alas tras ellos y permanecen estáticos, grandes y poderosos. Mientras siguen detrás de usted, sienta cómo usted va regresando, hasta la conciencia total, sintiéndose absolutamente de maravilla, mejor que nunca. Cuente hasta tres, y recupere la conciencia total: Uno... dos... tres.

Use esta meditación para trabajar con cualquier enfermedad o dolencia que pueda tener. Usted puede acortar el tiempo de una enfermedad, reduciendo su duración o descartándola por completo de su cuerpo. Si siente mejoría en cualquier condición médica, por favor, consulte a su médico para confirmarlo.

VI

Virtudes

"... Mientras que los ángeles,
que nos superan en fuerza y en poder,
no se permiten ninguna acusación
injuriosa en presencia del Señor."

— 2 Pedro 2:11

La séptima categoría de ángeles, las Virtudes, es representada por la paloma, que significa paz, amor, y la comunicación del Espíritu Santo del Dios Padre Madre. Su metal es la plata, la cual se refleja en el color de sus alas, cuyos extremos de color azul pálido destellan una luminiscencia azul plateada brillante. El propósito primordial de las Virtudes es ayudarnos con nuestras cartas astrales, el plan trazado para nuestras vidas aquí en la Tierra, que fue creado en el Más Allá antes de nacer, en una encarnación. El elemento de las Virtudes es el agua, representando la flexibilidad y el cambio (lo cual ellos hacen con nuestras cartas astrales, si es el caso).

En nuestras cartas astrales, escogemos la hora de nuestro nacimiento, nuestro signo zodiacal, nuestros padres, nuestros hijos y amigos, nuestro lugar de nacimiento en esta tierra, y los principales eventos relacionados con nuestros temas (las áreas que decidimos perfeccionar en esta vida) ¡Y eso es sólo la punta del iceberg! Cada uno de nosotros tiene un tema primordial y un tema secundario, los cuales seleccionamos de una lista de 44 posibilidades. Estos temas determinan básicamente de qué va a tratar nuestra vida, y las vidas de las personas a nuestro alrededor. Observe los temas a continuación, y vea si puede determinar bajo cuáles dos puede categorizar su vida. (No quisiera entrar en detalle en este libro, ya que este material ha sido tratado ampliamente en mis libros previos. Si desea saber más sobre estos temas, y cómo nos influencian, por favor, lea mi libro *Life on the Other Side,* publicado por Dutton.)

Temas vitales

Abnegación	Guerrero	Persecución
Activador	Humanitario	Perseguidor
Actor	Infalibilidad	Pobreza
Analizador	Intelectualidad	Psíquico
Armonía	Irritante	Rechazo
Búsqueda de valores estéticos	Justicia	Responsabilidad
	Legalidad	Salvador
Catalizador	Líder	Sanador
Controlador	Luchador por una causa	Seguidor
Emotividad		Solitario
Emprendedor	Manipulador	Supervivencia
Espiritualidad	Paciencia	Tolerancia
Experimentado	Pacifista	Víctima
Falibilidad	Pasividad	Victimario
Forjador	Peón	
Ganador	Perdedor	

En el Más Allá, al estar en un estado de gloria y desear la perfección divina, escogemos estos cursos de estudio. Sé lo que usted está pensando, porque yo también lo he pensado: *¿Cómo puedo estar tan loco para escoger todo este sufrimiento en mi vida? ¿Por qué escogí un tema tan difícil?* Lo que a veces no comprendemos, es que solamente sobrevivir es suficiente. Creo fervientemente que esta vida es el único infierno que llegaremos a experimentar, y después de que logremos perfeccionarnos aquí, nuestras almas enaltecerán a Nuestro Señor. Después de muchos años, he llegado a comprender que sin dolor, tal como dice el proverbio, no hay ganancia.

Todos necesitamos ayuda para perfeccionar nuestros temas y para llevar a cabo nuestras cartas astrales, porque estas son mucho más complicadas de lo que nos habíamos imaginado. Nuestros guías espirituales, el Concejo, y nuestros ángeles, especialmente las Virtudes, están aquí para ayudarnos a sacar el máximo provecho de esta vida para ofrecérsela a Dios.

Cómo pueden las Virtudes ayudarnos con nuestras cartas astrales

En el Más Allá, las Virtudes nos ayudan primordialmente con nuestras cartas astrales antes de que encarnemos. Justo antes de entrar en esta vida, nos aislamos en meditación, y para hacer una revisión final de lo que deseamos realizar. Este es el momento en que las Virtudes se presentan en un primer plano, ayudándonos a repasar nuestras cartas astrales por última vez. Nadie nos molesta en este proceso de aislamiento excepto las Virtudes, de quienes uno podría decir que son guardianes de los portales de entrada en una encarnación. No se involucran en la creación de nuestras cartas astrales desde el comienzo; eso lo hacemos con nuestros guías espirituales y el Concejo.

Lo que hacen las Virtudes es ayudarnos a revisar nuestras cartas astrales por última vez, justo antes de encarnar. Es como prepararse para un viaje, y tener la oportunidad de realizar cambios de último momento. Podríamos decir algo como: "Oh, se me olvidó decirte que regaras las plantas y que alimentaras al gato,"; o podríamos decidir obviar o añadir una atracción del viaje para ahorrarnos tiempo, o porque estábamos en las cercanías. No haríamos grandes cambios, pero podríamos notar pequeños y sutiles detalles que habíamos descuidado previamente.

Las Virtudes, al contrario de nuestros guías espirituales o cualquier otra categoría de ángeles, tienen el poder de alterar nuestras cartas astrales sin tener que acudir al Concejo en busca de aprobación. Al ayudarnos a prepararnos para nuestras vidas en la Tierra, las Virtudes podrían decir: "¿Estás seguro? ¿Deseas cambiar algo? ¿Deseas ajustar tu carta astral? ¿Deseas extender un poco cierto tema?". Ellos no cambiarían sucesos grandes o específicos que hayamos planificado para nuestras vidas, tales como la decisión de conocer a alguien que tendrá un efecto profundo sobre nosotros, o tener un accidente que podría ocasionarnos heridas graves. No, las Virtudes no añadirían o borrarían asuntos importantes, pero, definitivamente, podrían modificarlos.

Pensemos, por ejemplo, en un accidente. La capacidad más grande de realizar modificaciones es justo antes de encarnar, cuando todavía estamos con las Virtudes en el Más Allá. En este momento es más apropiado decir: "Bien, tengo en mi carta astral que tenga un accidente en donde me rompa una pierna, porque en verdad necesitaba descansar y no sabía cómo lograrlo. Pero cambié de idea, y he decidido que no necesito tanto descanso. Prefiero solamente fracturarme el tobillo."

En otras palabras, podemos modificar el evento —sin cambiar la acción real— cambiando algún detalle. Podríamos quizás cambiar el nivel del dolor, o el periodo de tiempo que necesitamos para recuperarnos, pero no eliminar por completo el accidente, o descartar la oportunidad de obtener el descanso tan merecido.

Aquí vemos otro ejemplo de la forma como pueden ayudarnos las Virtudes a ajustar nuestras cartas astrales. Digamos que habíamos planificado tener un cociente intelectual de 120 para una vida en particular. Luego, más tarde, decidí que para el trabajo en particular que había decidido realizar necesitaba un cociente intelectual de 145 ó 150. Las Virtudes, al revisar la carta astral conmigo, podrían argüir que yo necesitaría un cociente intelectual de 160 para realizar la carta astral de mi vida. De manera amorosa respecto a nuestro bienestar o éxito, las Virtudes argumentarán con nosotros sus cambios recomendados, y luego harán los ajustes. Las Virtudes son la última creación de Dios que vemos usualmente antes de encarnar, y después, nos transmiten el amor del Dios Padre Madre al comenzar nuestra jornada.

Modificar una carta astral aquí en la Tierra

Como lo mencioné antes, la oportunidad más grande de modificar nuestras cartas astrales ocurre antes de encarnarnos, pero también, podemos modificarlas más tarde, durante nuestras vidas. La siguiente historia ilustra lo que quiero decir.

Valerie escribe:

"Hasta hoy creo fervientemente que mi vida fue transformada por un ángel en forma humana. Ocurrió en marzo de 1999 en la isla de Gozo, cerca de Malta. Los eventos que surgieron después de este primer encuentro cambiaron mi vida para siempre.

"Me encontraba en mi tienda estudio en una tarde de mucho viento. Estaba hablando por teléfono cuando vi que entraron un hombre y una mujer. Vi salir al hombre, pero no a la mujer quien permaneció allí. Ella poseía una hermosura angelical y un porte real. Se me acercó y comenzó a conversar sobre mi estudio. De repente, me preguntó si sabía lo que era un 'médium'. Le respondí que sí, y le dije que nunca había estado ante un médium o un psíquico. De buenas a primeras, le pregunté si podía ayudarme. Me respondió: 'A eso vine.'

"Durante la siguiente hora, empezó a hablarme de mi vida y de que yo estaba en grave peligro. Me dio mensajes de familiares que habían fallecido, y me confirmó mis peores temores. También me ofreció consuelo y esperanza como jamás había ocurrido en mi vida. Desde ese encuentro mi espíritu se sintió reanimado, y comencé un largo camino para recuperar el control de mi vida, y al hacerlo, dejé atrás todo el mal que me había embargado. Durante este tiempo, nadie más entró en mi tienda. Cuando se lo comenté, ella dijo: 'Por supuesto que no, yo estaba tratando de salvar tu vida.' Cuando le pregunté por qué había llegado ese día en particular, me respondió: 'Dios siempre me envía dónde más me necesitan.' Sé que ese día me salvó una total extraña."

El ángel que Valerie describió, obviamente conocía perfectamente su carta astral. Al contrario de muchas de las historias sobre ángeles relatadas en este libro, la mujer de la tienda parecía hablar con voz humana, en vez de a través de contacto telepático que pareciera real. En este ejemplo, la información sobre la carta astral de Valerie puede haber sido transmitida por una Virtud al guía espiritual de Valerie, o a otro ángel que tomó forma humana para entregar el mensaje. En realidad, eso no es importante, a fin de cuentas, el mensaje proviene de Dios que es todo amor.

Una fiesta de bienvenida en el Más Allá

Normalmente, las Virtudes no descienden o aparecen aquí en la Tierra. Su función es ayudarnos en el Más Allá antes de venir a esta vida. Sin embargo, ellas (así como los Dominios y algunas de las demás categorías) nos encontrarán al final del túnel cuando regresemos al Más Allá. Algunas veces hasta se alinean en el túnel; y Francine nos dice que ella los ha visto llegar hasta dos terceras partes del camino, para darle la bienvenida a un alma que regresa. Las Virtudes, por lo general, se alinean en el túnel cuando fallece una persona muy espiritual. No debido a que la persona sea tan elevada, sino para demostrarle respeto a la entidad, y a lo que la persona haya tenido que pasar en su vida. Las Virtudes son la única categoría que forma una línea en el túnel, aportando su brillo luminoso al camino, que es la luz que algunas personas describen porque la han experimentado brevemente en esta vida. Una vez hemos cruzado el túnel, vemos a los Tronos, a los Principados, a los Dominios y a todas las demás categorías.

Melissa escribe sobre un ángel que le brindó paz en una visión, y se quedó a su lado mientras su abuela fallecía:

"He tenido una experiencia, pero no estoy segura de que haya sido un ángel. Cuando mi abuela falleció, tuve algo así como una visión. Vi a mi abuela recostada, con una mujer parada a su lado de ella con una amplia sonrisa, y con una bata blanca o vestido vaporoso. Todo era de un blanco muy hermoso. La mujer no dijo nada, sólo sonreía, y supe que todo iba a estar bien. Fue increíble la paz que sintió mi corazón después de ver eso tan maravilloso."

Una carta similar llegó de Pat, quien escribió:

"Quisiera contarte una conversación entre mi madre y una amiga suya. Mi madre me llamó por teléfono muy emocionada una mañana. Me dijo que una mujer había estado toda la noche al pie de su cama. Y que la belleza y el amor que había visto en el rostro de esa mujer eran casi indescriptibles. Dijo que sabía que había sido un ángel. En esa ocasión, mi madre estaba muy enferma. Me contó que aunque el ángel no movió sus labios, dijo que mi madre estaría bien y que tenía que ser fuerte.

"Unos días más tarde, mi madre estaba hablando con su amiga y le preguntó si alguna vez había soñado con ángeles, porque mi madre creía firmemente que ella lo había vivido. Su amiga le contestó que sí, que había habido un grupo de ellos alrededor de ellas, mientras ella estaba recostada unas noches antes. Dijo que eran magníficos y hermosos. Miré a las dos mujeres, y las dos tenían una mirada de paz. Esa sería la última vez que ella vería a su amiga, ya que murió a los tres días. Hasta me dijo que nos veríamos el miércoles. Y sí que la vi el miércoles... en su funeral.

"Volviendo al tema de mi madre, ella había tenido problemas cardíacos y estuvo muy enferma durante mucho tiempo. La sorpresiva muerte de su amiga y de su hermana gemela dos meses más tarde, creo, fue por lo que el ángel estaba tratando de decirle a mi madre que fuera fuerte, y que no estaba sola. Mi madre padeció su enfermedad durante muchos años, y ya había perdido a todas sus amigas, incluyendo las dos últimas que no hubieran podido ser más cercanas. Ella estaba sola; sin embargo, creo que ese ángel estaba con ella justo en el momento de su muerte: 15 meses después."

Los ángeles sí vienen a ofrecernos consuelo, a confortarnos, y a enseñarnos que la gente sobrevive en el Más Allá. Puede sentirse confiado en que la madre de Pat, sus amigas y seres queridos están todos bien y felices en el Más Allá, y que sus ángeles les dieron la bienvenida cariñosamente cuando llegaron. Todos compartiremos la misma experiencia algún día. Mientras tanto, cuando necesitemos ayuda con nuestras cartas astrales, o con un problema, enfermedad o situación difícil en particular, podemos usar la siguiente meditación para invocar a las Virtudes en busca de ayuda.

MEDITACIÓN PARA RECIBIR AYUDA CON NUESTRAS CARTAS ASTRALES, Y EN MOMENTOS DE DOLOR

Siéntese o recuéstese en una posición relajada de meditación. Cierre sus ojos, Relaje sus pies, sus tobillos, pantorrillas, rodillas, muslos y el área de su cadera. Relaje su torso, brazos, dedos, cuello y cabeza. Inhale profundamente tres veces, rodéese de una luz dorada y diga la siguiente oración:

Querida Madre, por favor, envía a tus ángeles para que me ayuden _____ [diga su petición] para poder cumplir con mi carta astral, pero, además, te pido Tu intercesión en este momento de enfermedad, sufrimiento, duelo o desesperanza. Deja que tus ángeles vengan y me cuiden. Aleja todo dolor y sufrimiento, ayúdame a ver la luz al fondo de este oscuro túnel, y dame salud y sabiduría en mi vida.

Recuerde y contemple no solamente el problema, sino también el resultado positivo. Los ángeles rodearán su cama y lo protegerán de todo mal.

Levántese, o aún mejor, déjese embargar por el sueño.

VII

Dominios

*"¡Pero, en verdad, hay guardianes
que os vigilan en todo momento, nobles,
que toman nota, conscientes
de todo lo que hacéis!"*

— Santo Corán 82:10–12

Los Dominios, la octava categoría de ángeles, regentan nuestras buenas acciones y las registran en un cuadro sinóptico permanente, conocido como registro Akáshico. Cada persona desde el comienzo de los tiempos tiene su propio registro Akáshico. Estos, a la vez, conforman el enorme registro Akáshico de toda la creación. Algunas personas lo llaman su libro, o su pergamino privado; yo prefiero el término *Libro de la vida*. No importa el título que escoja, lo importante es saber que todas nuestras acciones y obras son registradas y guardadas por los Dominios.

Usted podría preguntarse cómo es posible que pueda existir un libro de ese tamaño. No hay forma de explicar cómo un solo volumen podría ser lo suficientemente grande, como para contener todos los registros de la creación, pero, Francine nos asegura, que definitivamente existe tal libro. Ella lo compara con el principio que dice que 100 ángeles pueden sentarse en la cabeza de un alfiler. En el Más Allá, el tiempo, el espacio y la física no son lo mismo que aquí; no hay limitaciones de tiempo y espacio.

Los Dominios son los ángeles que más ocupados están, y son la elite en cuanto a estudios se refiere. Son como la intelectualidad de todos los ángeles. Su tótem es el puma, lo cual representa su fuerza y su dignidad. Su elemento es la tierra, la cual representa la conexión con las raíces y las vidas que registran, y su piedra es la hematita. Simboliza la sangre de la vida, y hace juego con sus alas, las cuales son blancas con una tonalidad castaña.

Cómo ayudan los Dominios a nuestros guías

Los Dominios ayudan a nuestros guías de dos formas distintas. Primero, tienen la habilidad de determinar cuál categoría de ángeles puede ayudar mejor en caso de un problema en particular, y siempre aciertan. Segundo, tienen acceso permanente a nuestras cartas astrales, y pueden responder de forma inmediata a cualquier pregunta que tengan nuestros guías.

Los Dominios tienen el poder de reclutar la ayuda de acólitos de los ángeles con un chasquido de sus dedos, pero, nuestros guías son los que invocan a las distintas categorías de ángeles para que acudan en nuestra ayuda en situaciones difíciles. No se trata de que los guías estén en un nivel inferior a los Dominios. De hecho, si tuviera que hacerlo — y no creo que les importe que lo diga— un guía predomina sobre un ángel en cualquier momento. Nuestros guías espirituales asumen la antelación, porque tienen una mejor idea del cuadro general respecto a nosotros, y también han vivido en nuestro plano. Su humanización les ayuda a comprendernos mejor. Los ángeles, en cambio, jamás han encarnado en este plano. Y aunque son puro amor, a menudo están más enfocados en su propio propósito. Ellos tienen deberes específicos en el Más Allá, y no están humanizados como lo están nuestros guías.

Los Dominios, al igual que las Virtudes, no descienden normalmente a nuestro plano de existencia. Tampoco se mueven muy bien lateralmente en el Más Allá, quedándose la mayor parte del tiempo en su propio cuadrante. De nuevo les pido a los que ya han leído mis libros anteriores, que tengan un poco de paciencia mientras explico de qué se trata el término *cuadrante*.

Tal como lo aprendieron anteriormente en este libro, en el Más Allá todas las masas geográficas que nosotros los humanos tenemos aquí en la Tierra están duplicadas, excepto por el océano, los cuales no son tan grandes. Cada uno de nuestros continentes está duplicado y dividido en cuatro áreas distintas o cuadrantes. Lo que usted podría no comprender es que esta división en cuadrantes sirve un propósito único: Está diseñada para la especialización entre las diferentes ocupaciones o entidades del Más Allá. En otras palabras, podría ser que en un cuadrante se crían animales, en otro se realizan trabajos de investigación, y otro se usa para el aprendizaje.

Aquí en la Tierra, independientemente del área del mundo en que vivamos, todas caen en uno de estos cuadrantes. Los Dominios están cada uno asignados a un cuadrante en particular, y son responsables del registro de las vidas de todas las entidades que viven dentro de ese cuadrante. Los Dominios interactúan totalmente entre ellos. En el caso de que tengamos que viajar o movernos a un área distinta, los Dominios en el nuevo cuadrante, sencillamente, asumen el turno para seguir llevando nuestro registro.

Como el Concejo, los Dominios tienen muchas posibilidades de acceso a las cartas astrales de nuestras vidas. Son los portadores de información, la cual proporcionan directamente a cualquier guía espiritual que pueda necesitar ayuda adicional para asumir su carga. En asuntos protocolarios, los guías algunas veces acuden a los Dominios en lugar de ir directamente al Concejo en busca de ayuda. Algunas veces, un guía podría no desear perturbar al Concejo con detalles menores, aunque Francine dice que ella ha acudido a los Dominios con problemas grandes también.

Desde luego que si ella está preocupada por algo, acude directamente al Concejo; pero si hay algo que debe ser actualizado o algo que ella desconozca, puede acudir a los Dominios y preguntarles qué debe hacer. Los guías espirituales acuden a los Dominios en busca de ayuda extraordinaria, con diferentes tipos de preguntas, incluyendo: asuntos financieros, salud, relaciones, y una miríada de otros problemas. Debido a que son los guardianes de nuestras cartas astrales, pueden ofrecer ayuda en una situación en particular.

Aunque nuestros guías conocen nuestras cartas astrales, a veces las cosas pueden salir mal. Podríamos estar expuestos a un peligro inminente, o a circunstancias urgentes, en las cuales el guía no tiene tiempo de repasar todos los detalles de nuestros registros individuales. Francamente, puede ser muy laborioso repasar nuestras cartas astrales, sería casi como revisar todo un directorio telefónico. Están llenas de detalles minuciosos y de pequeñas insinuaciones, y si el guía tiene prisa, no habría tiempo de cernirlo todo. En esos casos, el guía puede correr a donde los Dominios para pedirles una respuesta a cualquier pregunta. Si el guía solamente quiere ver el resultado, puede preguntarle: "¿Qué va a ocurrirle a esta persona? ¿Es este su momento de salida? ¿Está en peligro la persona a mi cargo?" Puesto que nuestros guías espirituales los consultan con frecuencia, los Dominios mantienen nuestros récords individuales a la mano. Armados con las respuestas de los Dominios, los guías pueden convertirse en lo que yo llamo: "espíritu empujones," infiltrando nuestras mentes y ayudándonos a volver al redil.

Esta intrincada configuración, es mejor que cualquier sistema de seguridad que yo haya visto. Supera hasta a la organización intelectual o al proceso de desciframiento más sofisticados. Si algo perturba nuestras cartas astrales, nuestros guías hacen lo posible para renovar o buscar medios alternativos para colocarnos de nuevo en el sendero que hemos escogido.

Al estar tan ocupados con el momento preciso, algunas veces se vuelven un poco miopes. Cuando eso ocurre, tienen que detenerse, a pesar de que su memoria es magnífica, y ajustarse y reajustarse constantemente a nuestras cartas astrales. Nuestra relación con nuestros guías se parece a una relación sentimental. Se enganchan en lo que quieren para nosotros, y se pueden poner muy emotivos cuando experimentamos dolor y sufrimiento. Puesto que ellos están a medio camino entre nuestra dimensión y la del Más Allá, absorben la negatividad al verse involucrados en la *nuestra*. Como resultado, requieren periódicamente un tipo de purificación, la cual es ejecutada por el Concejo. Si ellos no estuvieran hasta cierto punto humanizados, no nos serían de ninguna utilidad. ¿Están elevados? Sí. ¿Están santificados? Ciertamente. Pero tienen que vincularse con lo que nos sucede en la vida para poder ayudarnos.

El proceso de orientación

Tal como dije con anterioridad, los Dominios registran nuestras obras, especialmente las buenas. Esta labor es muy útil para nosotros, porque sus registros nos ayudan enormemente cuando regresamos al Más Allá.

Cuando dejamos esta vida, vamos a través de un túnel hacia una luz blanca brillante. Para la mayoría de nosotros, el proceso es familiar; lo hemos realizado en muchas ocasiones porque hemos vivido muchas vidas. Al llegar, salimos del túnel, y nos encontramos con nuestros seres amados, guías y ángeles quienes nos están esperando. En el Más Allá, todo el mundo está feliz y lleno de paz, alegría y del gozo que el Dios Padre Madre les brindan. Cuando uno de nosotros regresa al Más Allá, de inmediato sentimos esa atmósfera maravillosa de felicidad.

Después de la celebración inicial del regreso al Hogar, vamos, ya sea al Salón de Justicia o al Salón de la Sabiduría (dos edificios espectaculares del Más Allá), con el fin de revisar nuestra vida recién terminada en el plano terrenal. Este proceso se llama *orientación*. Todo el mundo pasa a través del proceso de orientación cuando regresa para una encarnación. Durante la orientación, revisamos la vida que hemos llevado, y nos orientamos con el Más Allá. Usualmente hacemos esto con la ayuda de nuestros guías, maestros o consejeros.

Vemos nuestras vidas en lo que Francine denomina un "escáner," lo cual es muy similar a una televisión, en el sentido de que podemos vernos y escucharnos, así como a los demás. Al contrario de un aparato de televisión, el escáner nos permite vernos en cualquier periodo de la vida que hemos llevado. Podemos ver nuestras acciones, reacciones, y la variedad de emociones que hemos experimentado en la vida. Decidimos lo que deseamos revisar, y el ritmo con el que deseamos hacerlo. Podemos escoger, y somos quienes juzgamos nuestras vidas. Contrario a la creencia popular, nadie en el Más Allá nos juzga. Somos quienes nos aplaudimos o nos regañamos, si decidimos hacerlo.

En este punto, el propósito de los Dominios entra en juego. Los Dominios, al ser quienes mantienen el registro, han escrito los eventos de nuestras vidas, concentrándose en nuestras buenas obras y actos. Estos actos son registrados en dorado en un hermoso pergamino, uno para cada uno de nosotros. Nuestros pergaminos son privados y no están disponibles para que todo el pueblo pueda verlos. A menudo, durante el proceso de orientación, podríamos comenzar a regañarnos. Es, entonces, cuando se nos muestran nuestros hermosos pergaminos, y nos dicen: "Entonces, tú piensas que fuiste muy malo. Mira todas las obras buenas que realizaste."

Este recordatorio de nuestras buenas obras nos ayuda muchísimo, especialmente cuando nos sentimos apenados o culpables. No he sabido de ningún ser humano, a menos que se haya desviado por completo de su carta astral, con un ego completamente descarrilado, que no pase por la orientación con algún tipo de arrepentimiento. Con pocas excepciones, las personas dicen casi siempre: "Hubiera podido haber hecho esto, debí haber hecho lo otro, ojalá hubiera hecho aquello." Son los Dominios, con sus registros de buenas acciones, quienes nos ayudan a prevenir que nos traumaticemos, diciéndonos: "Mira, esto es lo que has hecho; este es un registro de cosas positivas." Estos registros positivos conservados por los Dominios, nos ayudan a colocar en perspectiva nuestras vidas para que podamos aprender de nuestras experiencias negativas y así enriquecer nuestras almas con ese conocimiento.

Los heraldos de las almas venideras

Hay una gran multitud de Dominios, más que suficientes como para llevar el registro de las vidas de todas las entidades en la Tierra. Los Dominios son también a quienes podríamos llamar: los "heraldos de las almas venideras." Ellos permanecen al final del túnel, y conforman una puerta de enlace de bienvenida para aquellas almas que acaban de fallecer. Cuando las personas ven llegar ángeles, tal como ocurre en las situaciones de muerte en el lecho, o incluso en viajes astrales, lo más probable es que vean a los Dominios.

Sheila de Carolina del Norte nos escribe:

"Tuve la bendición de tener una visión de una hueste de ángeles que vinieron a escoltar de este mundo a mi esposo Butch. En esa época sólo teníamos 25 años. Él había sido diagnosticado con un tipo muy raro de leucemia. Después del diagnóstico, vivió mucho más tiempo del que los médicos esperaban, y participó como voluntario en todos los tratamientos experimentales que los doctores le pidieron que intentara. Después de su muerte, autoricé a los doctores para que usarán su caso en las revistas médicas. Eso ocurrió hace 20 años.

"Después de una cirugía más de emergencia, Butch fue a casa para pasar unos días. Los doctores no podían hacer nada más, y se esperaba que muriera. La noche que partió, yo estaba dormida en una silla, al lado de la cama tipo hospital que le habían proporcionado en el hospicio. Mi alarma estaba programada para despertarme cada dos horas para administrarle sus medicinas. Me desperté a una hora que no estaba programada. Sabía que era su hora de morir. A pesar de que me sentía triste por ello, estaba feliz de que ya no tuviera que sufrir más en ese cuerpo.

"Parecía dormido, pero le costaba respirar (tal como lo describió la enfermera del hospicio). En realidad, no sabía qué hacer, entonces, sólo me acerqué a él, le tomé sus manos, cerré mis ojos y le susurré: 'Aquí estoy.' Luego, tan pronto abrí mis ojos de nuevo, apareció un círculo perfecto de ángeles rodeándonos. Era un círculo bastante grande alrededor de la cama. La cama estaba situada contra una pared, pero era como si la pared no estuviera ahí. Aunque sólo podía ver los ángeles que estaban en la habitación con nosotros, sabía que el círculo se extendía a través de las paredes. Los ángeles lucían muy grandes y sobrevolaban a un metro del suelo. Vestían túnicas blancas con bordes dorados, y podía ver el perfil de sus alas tras ellos, pero no lucían como los ángeles típicos que vemos normalmente en las películas. No podía ver las facciones en sus rostros, sólo la luz, y había una luz brillante alrededor de todos ellos. La visión de los ángeles pudo no haber durado más de una fracción de segundo, pero fue una visión que jamás olvidaré. Aunque vinieron por Butch, fue un gran consuelo que me hayan permitido verlos a mí también."

Los ángeles están siempre con nosotros, y cuando fallecemos, nos ayudan a pasar al Más Allá. Como usted pudo aprenderlo en el último capítulo, las Virtudes son quienes se alinean en el túnel, más los Dominios, que nos esperan al final de él: son los primeros ángeles que nos dan la bienvenida en el Más Allá.

Oración para atenuar el miedo a la muerte

Queridísimos Virtudes y Dominios, cuando me sienta listo para ir al Hogar, les ruego que estén ahí para ayudarme a cruzar la barrera entre la vida, y la vida eterna, verdaderamente bendita, que le sigue a esta. No permitan que viva temiendo el paso al Más Allá. Quédense conmigo en esta vida, y ayúdenme a vivir sin temor, sabiendo que están siempre conmigo como figuras centrales de protección. Amén.

Meditación para que lo rodeen los Ángeles

Siéntese o recuéstese en una posición relajada de meditación. Cierre sus ojos, relaje sus pies, sus tobillos, pantorrillas, rodillas, muslos, y el área de su cadera. Relaje su torso, brazos, dedos, cuello y cabeza.

Relájese. Vea el túnel de luz. Vea a los gloriosos ángeles de pie esperándolo. Sienta que cada vez que pasa al lado de estas gloriosas entidades, se siente lleno de paz, luz, valor y amor. Si llega a ver el Más Allá, observe a su alrededor, y confirme lo que tantos otros han visto. Luego, vuelva a la realidad, sintiéndose sin temores. Más importante aún, sienta que la vida, aunque es preciosa, es solamente un lugar de aprendizaje.

VIII
Tronos y Principados

"Bendecid al Señor, todos sus ángeles:
sus poderosos servidores siempre atentos a su
palabra. Bendecid al Señor, todos sus ejércitos:
servidores suyos que hacéis su voluntad."

— Salmos 103:20–21

Después de todos los ángeles que hemos explorado, llegamos finalmente a las dos categorías finales. No existe ninguna categoría superior a los Tronos y Principados. Son los verdaderos ejércitos del Dios Padre Madre, y son los más elevados, ascendidos y espirituales de todos los ángeles. Algunas religiones han casi endiosado a los Arcángeles. No es que sea malo hacerlo, pero sí está errado. Ningún ángel tiene mayores poderes que los Tronos y los Principados. Yo los invoco con frecuencia, quizás porque siempre he creído que debemos dejar lo mejor de último, o cuando sentimos que estamos bajo un gran peligro.

Incluso en los textos bíblicos, más que cualquier otra categoría de ángeles, los Tronos y los Principados son mencionados con gran dedicación y reverencia. En Ezequiel 1:13, su apariencia es descrita como: "carbones de fuego encendido." Estos hermosos seres se mueven con gracia entre las criaturas bajo su protección.

Los Tronos y Principados son, por lo general, enviados cuando hay peligro inminente, o cuando sentimos un daño inmediato en el plano mental, físico, o incluso, psíquico. Definitivamente, son los mayores protectores de los niños y los animales. Cuando he trabajado para Make-A-Wish Foundation® (fundación que adoro), siempre invoco a los Principados y a los Tronos para proteger a mis seres queridos, a todo aquel que esté bajo peligro, especialmente a los niños.

Nunca debemos dudar en invocar a los Tronos y Principados en nuestras horas más oscuras, o cuando necesitamos guía. El Dios Padre Madre los enviará de todas maneras, pero tal como dije con anterioridad, el hecho de que creamos en ellos, y nuestra voluntad para invocarlos, ayuda a penetrar el velo entre esta baja vibración de la Tierra y la vibración más elevada del Más Allá.

Los Tronos pertenecen a Azna, la Diosa Madre, mientras que los Principados pertenecen a Om, el Dios Padre. Los Principados vendrán si los invocamos, pero ellos en realidad son los "guardianes de la entrada," los guardianes alrededor del Dios Padre. Como Él, son estáticos, majestuosos y centinelas. Los Tronos, al igual que Azna, son mucho más activos.

El ejército del Dios Madre: Los Tronos

La novena categoría de ángeles, los Tronos, son los combatientes. Son el ejército de Azna, y al igual que Ella, portan una espada. Si pensamos que solamente Azna viene cuando la invocamos, nos equivocamos por completo. Francine dice que ella cree que jamás ha visto a Azna acudir en nuestra ayuda, sin un grupo o acólitos de Tronos en su compañía. Ellos le siguen el rastro, ya sea a Su lado, al frente de Ella, tras Ella, todo a Su alrededor.

Azna tiene el control, y es la figura central de todos los ángeles. Dondequiera que Azna va, los ángeles la siguen. Los Tronos son Sus bebés, podríamos decir, Su ejército, y siempre están con Ella, sin importar cuántos de los demás ángeles estén presentes. Ella no usa mucho a los Principados, ya que están designados al Dios Padre, pero se sabe que Azna ha tenido por compañía a los Arcángeles, Virtudes, Ángeles, y a todas las demás categorías. Incluso los Celadores la llegan a acompañar. Ella los utiliza para rodear las entidades oscuras y anular su influencia. Tal como dije en un capítulo anterior, nosotros también podemos usar a los Celadores de esta forma si los invocamos para que nos ayuden.

Azna es quien lidia con la negatividad en la creación, y los Tronos La ayudan a combatir y a desterrar la oscuridad. Francine usa la analogía de Juana de Arco para describir a Azna. Al ser emoción pura, Azna usa Su ejército de Tronos para que La sigan, esgrimiendo sus espadas para atravesar la oscuridad. Azna es conocida como la Diosa Madre emocional, protegiendo Sus creaciones como una madre protege a sus hijos. Los Tronos emanan esta misma calidad, y están activos en la lucha contra la energía y las entidades negativas. Son muy poderosos, y ningún tipo de oscuridad puede con ellos. Su ánima es el elefante, el cual representa su tamaño, así como el aspecto protector de estos hacia sus crías. Su elemento es el aire, el cual todo lo abarca, y es omnipresente. Su metal es el oro, el cual se relaciona de nuevo con su pureza y lealtad; y sus alas son de un blanco púrpura, del color de la realeza y el poder.

La siguiente carta de JoAnn describe la poderosa protección ofrecida por Azna y Sus ángeles:

"Mi historia comienza cuando mi madre y mi hermana iban a recoger a mi padre en una noche lluviosa. Iban conduciendo por un camino muy transitado, cuando un hombre se pasó un semáforo en rojo, y chocó con fuerza contra el auto del lado del conductor. El impacto fue tan severo, que arrancó el volante, lo introdujo en el estómago de mi madre, y envió a mi hermana contra el parabrisas. Los ayudantes de la asistencia de emergencia que llegaron al lugar del accidente, no podían sacar del auto a mi madre ni a mi hermana, debido al daño ocasionado a las dos puertas. Trataron con unas llaves especiales para abrir cualquier puerta, pero no lo lograron. Justo en ese momento, apareció un hombre de la nada, colocó su mano en la manija de la puerta y la abrió como si jamás hubiera estado atascada. Mi madre lo vio y hubiera podido identificarlo, si no hubiera sido por el hecho de que jamás pudieron encontrarlo. Pusieron un anuncio en el periódico local y por los lados cerca al lugar accidente, pero... nada. Si no hubiera sido por él, mi madre y mi hermana habrían muerto con toda seguridad.

"Mi otra historia de ángeles es personal. Yo acostumbraba hacer muchas locuras (gracias a Dios, ya lo he superado). En una ocasión fui a un bar con un amigo, y cuando era la hora de ir a casa, lo vi conquistando a una chica, entonces, me dijo que *su* amigo me llevaría a casa. Para ser sincera, creí que moriría antes de llegar a casa, ya que estaba totalmente ebrio. Hablé con él para convencerlo de que me dejara conducir el resto del camino. Eran como las dos o dos y media de la mañana, y lo único que deseaba era llegar a casa sana y salva.

"El caso es que cuando iba llegando a la calle de mi casa, él se lanzó sobre mí y puso sus pies sobre el freno, rompió en pedazos mi vestido y trató de violarme. Yo gritaba con todas las fuerzas de mi alma. Justo entonces, llegó un joven y abrió la puerta, tomó mi brazo, me haló con fuerza hacia afuera, y me dijo que corriera hacia mi casa. Podía escuchar cómo ganaba el control sobre aquel loco, así pues, corrí desesperadamente, y no volví a mirar atrás. Ahora bien, vivo en una calle más bien solitaria, en donde nadie camina solo a las dos de la mañana, mucho menos un domingo en la noche."

Los ángeles tienen la fuerza para apagar fuegos, ayudarnos en momentos de gran peligro físico, y también —lo cual a menudo no caemos en cuenta—, en momentos de sufrimiento emocional. Divorcio, pérdida de seres queridos... no existe una categoría en la vida que sea demasiado complicada para que un ángel pueda abordar.

El ejército del Dios Padre: Los Principados

La Biblia se refiere a los Principados como aquellos a cargo de las naciones y las grandes ciudades. Incluso, los llama protectores de religiones o de espiritualidad, y dice que se sabe que ellos escoltan a las personas al cielo. Todas las religiones parecen coincidir, con que mientras más elevada sea la categoría, mayor la gracia y el poder, para así poder concedernos mayor consuelo, en cualquier área que lo necesitemos. Independientemente de si los Principados son representados como protectores, o como seres tan poderosos como el fuego, esta suma categoría es descrita como de gran poder, y cercana al trono de Dios. Estas representaciones confirman lo que Francine ha declarado: Mientras más elevada sea la categoría de ángeles, mayor será la magnitud de sus trabajos. Esto no significa que no podamos invocarlos, tan sólo testifica el perfil de sus "descripciones laborales."

El ánima del ejército del Dios Padre es el león, simbolizando apropiadamente el rey de los animales. El elemento de los Principados es el fuego, el cual es el más poderoso de los elementos purificadores. Su piedra es el zafiro, el cual ha estado vinculado con la realeza, y sus alas son doradas, siendo el oro considerado como el más precioso de los metales y asociado con los reyes.

Los Principados son conocidos por tener gran inteligencia, y portan lanzas doradas. Sin moverse mucho, pueden enviar sus poderes. Contrario a los Tronos, quienes llegan con Azna como acólitos o tropeles, Francine dice que raramente ve grupos grandes de Principados. Es más probable que vengan y nos rodeen como guardianes, en pequeños grupos de dos o tres. Lucen estáticos en su naturaleza, permaneciendo silenciosos, en vez de moverse con agilidad. Francine dice que a veces los confunden con estatuas. Como los guardianes de un rey o una reina ingleses: no es posible hacerlos sonreír o simular una sonrisa.

Cuando ocurrió nuestro terrible desastre en el World Trade Center, Francine dijo que los Principados permanecían cerca del Ground Zero (Lugar del suceso). Nadie sabe cómo llegaron allí, pero los Principados estuvieron en la retaguardia como estatuas doradas e inmóviles, emanando un poder tremendo. Azna también estuvo ahí, con todos sus acólitos de Tronos portando sus espadas, cortando toda la oscuridad, y ayudando a aquellos que murieron a llegar al Más Allá.

Cada vez que hay un desastre, como en el caso del terrible terremoto de 1999 que mató a miles de personas en Turquía, los Principados aparecen como centinelas, o como guardianes. Las otras categorías podrían precipitarse, luchando contra la oscuridad, haciendo, ayudando, recogiendo, transmitiendo mensajes, más no los Principados. Ellos reflejan a Om, el Dios Padre, en el sentido de que sustentan una energía protectora hacia los demás ángeles, mientras estos se ocupan de sus labores.

La mayoría de las personas parece creer que los Principados son seres relegados a desastres, y que emanan energía protectora y de sustento; pero, por favor, no piense que eso significa que no podemos invocarlos por otras razones.

Ellos siempre acudirán para permanecer a nuestro lado. Francine dice que podemos invocar a todos los ángeles, ella jamás ha visto que no acudan cuando se les invoca. Pero, si llamamos a los Principados, podría ser que llegara uno o dos, incluso si nos encontramos en un periodo que podríamos llamar como desastroso. Son más como los guardianes del mundo, mientras que es más probable que recibamos ayuda individual de las otras categorías, tales como: los Arcángeles con sus cetros, los Celadores que alejan las entidades oscuras, o los Querubines y Serafines que llenan nuestras almas con su música.

Los Principados pueden permanecer impávidos, pero nunca se equivoque creyendo que su emanación no es poderosa: su poder es inconmensurable. Un Principado puede derribar y protegernos de miles y miles de entidades oscuras, o de cualquier fuerza de negatividad oscura que se encuentre a nuestro alrededor. Sin embargo, no deberíamos sentirnos ofendidos si llamamos a los Principados y no vienen corriendo. No es porque no nos amen, sino porque su función primordial es atender al Dios Padre y ser Su ejército. Al igual que un soldado no desertaría a su rey, los Principados no corren a atendernos para dejar a Dios inatendido. No se trata de que el Dios Padre no es lo suficientemente fuerte para atenderse por Sí mismo, sino que los Principados son una creación divina que está centrada en el Dios Padre. Son magníficos y brillantes, pero están a Su servicio.

Si el Dios Padre se hace presente, no lo hace por más de un segundo. Francine dice que algunas veces la única forma de que ella pueda darse cuenta de que Él está presente, es cuando se reúnen los Principados, casi como si fueran una silueta llena de Dios. Ella ha visto Su rostro, pero sólo brevemente porque tiene demasiado poder.

La historia de ángeles que sigue a continuación, revela la percepción del amor de Dios. Este sentimiento, tan prominente en los miles de historias de amor y cariño de todas partes del mundo, no puede ser tan sólo una fantasía. Además de estar separados por el tiempo, los lugares, y la edad, todas las historias recibidas, tienen un denominador común: amor. Ya sea que seamos creyentes, escépticos, o todavía no estemos seguros de lo que creemos, debemos darnos cuenta que todas las historias fueron escritas por personas como usted o yo, la mayoría sin ninguna noción preconcebida de que iban a tener un encuentro con un ángel, y mucho menos recibir ayuda de uno de ellos. Quizás, tan sólo quizás, Dios en Su eterno *amor* por nosotros, nos envía Su ayuda de muchas formas, siendo los ángeles solamente una de estas manifestaciones.

Dixie escribe:

"Pienso que un ángel salvó nuestras vidas. Hace unos 12 años, acababa de recoger a mi madre de su trabajo. Estábamos saliendo por la rampa para retornar a la carretera cuando chocamos con un bloque de hielo. Perdí el control de mi auto y terminé dando un giro de 180 grados en la transitada autopista. Por un milagro, nos detuvimos a centímetros de chocar contra la barrera. Estábamos al frente del flujo de tráfico, ningún carro nos chocó. Mi madre y yo estábamos muy asustadas. Despúes de esperar que no hubiera autos para dar la vuelta, nos salimos de la autopista y comenzamos a respirar de nuevo. Mi mamá decidió que conduciría a casa, y entonces, en el camino a casa mientra miraba por la ventana pude ver algo: era blanco con alas enormes, y volaba en un túnel de luz. Yo creía que estaba alucinando. Creo que fue un ángel que nos salvó esa noche invernal."

Así fue, Dixie, porque tú no eres dada a las fantasías, ni jamás lo has sido.

MEDITACIÓN PARA LA PROTECCIÓN Y LA ELIMINACIÓN DE LA NEGATIVIDAD

Siéntese o recuéstese en una posición relajada de meditación. Cierre sus ojos, Relaje sus pies, sus tobillos, pantorrillas, rodillas, muslos y el área de su cadera. Relaje su torso, brazos, dedos, cuello y cabeza.

Rodéese de una luz blanca, púrpura y dorada. Pídale a Azna, nuestra Diosa Madre, que le envíe a los Tronos para protegerlo y cuidarlo, a usted y a los suyos. Vea luces doradas y colores emanando de sus alas. Véalos con sus espadas atravesando toda la oscuridad y la adversidad (la espada es el símbolo de Azna; advierta cómo la espada luce como una cruz). Sienta la paz y la alegría descendiendo justo encima de su cabeza y hasta la punta de sus pies.

Ahora, pídale a Om, el Dios Padre, que envíe los Principados: un ejército de belleza, pero más inmutable y más estático. Ellos se erigen como las Virtudes y los Dominios, como figuras guardianes, pero nada puede penetrar la barrera de su amor y protección.

Rodee a sus seres queridos, y rodéese usted mismo, por lo menos una vez a la semana, o en casos de calamidad, una vez al día. Ningún ángel se cansa de ser invocado.

Christine Almoods

IX

Preguntas frecuentes

*"¡Oh Señor! Ayuda a aquellos que han renunciado
a todo salvo a Ti y confiéreles una gran victoria.
Envíales, oh Señor, al concurso de los ángeles del
cielo y de la tierra, y de todo lo que existe entre
ambos, para que asistan a tus siervos, les socorran y
les fortalezcan, les capaciten para alcanzar el éxito,
les apoyen, les doten de gloria, les confieran
honor y elevación, les enriquezcan, y les hagan
triunfadores con una asombrosa victoria."*

— El Báb, *Selecciones de las escrituras del Báb*

A través de los años, he recibido miles de cartas asombrosas sobre ángeles y también me han hecho las mismas preguntas en varias ocasiones. No existe un libro que sea lo suficientemente grande como para contenerlas a todas, por eso decidí usar los dos últimos capítulos de este libro para compartir con ustedes unas cuantas más. En este capítulo, me voy a centrar en algunas preguntas, y las respuestas que he investigado. Algunas de las preguntas pueden ser muy sencillas, y otras han sido respondidas con anterioridad, pero en este capítulo voy a profundizar más en ellas.

P: ¿Cómo debo dirigirme a un ángel? ¿Debo usar algunas palabras especiales o una oración específica?

R: No hay una forma especial de invocar a un ángel. Diga solamente: "Deseo un ángel que me proteja" (o que me sane, o lo que sea). Piénselo y ellos vendrán. Simplemente, con decir la palabra *ángeles* ya vienen a su lado. No solamente eso, sino que vendrá el ángel apropiado para el problema. Francine dice que incluso los guías a veces llaman a una categoría de ángeles que piensan que una persona necesita, y en cambio, viene otro grupo de ángeles. Por ejemplo, ella ha invocado un Arcángel para mí, y acude una Virtud o un Trono. Sin embargo, ella nunca lo cuestiona porque sabe que los ángeles conocen el nivel vibratorio de la persona con la cual están lidiando mejor que los guías espirituales o que los humanos. Me refiero a las relaciones directas con Dios. Luego, nuestro nivel vibratorio invoca el ángel correcto. He llegado al punto en que simplemente digo: "Señor, trae a mi vida ahora mismo el ángel que yo necesito."

P: ¿Los ángeles tienen cuerpo como nosotros?

R: Los ángeles tienen cuerpos reales, pero están en una vibración más elevada, por eso a menudo es difícil distinguir su forma. Con frecuencia, sin embargo, tal como lo hemos visto en las historias previas, pueden asumir forma humana por un corto periodo de tiempo y luego desaparecer en apariencia.

P: ¿Nos hablan directamente los ángeles? Y si así es, ¿cómo lo hacen?

R: Los ángeles nos hablan telepáticamente cuando están en "forma de ángel", y a menudo aparentemente con palabras cuando brevemente toman forma humana.

P: ¿Cómo puedo contactar a mis ángeles o a una categoría particular de ángeles?

R: Las meditaciones de este libro lo ayudarán, pero muchas veces sencillamente es cuestión de pedir ayuda. Refiérase a los capítulos previos de este libro para las labores específicas que realiza cada categoría (tales como los "sanadores" o "protectores"), e invoque a esa categoría en busca de ayuda. Por ejemplo, los Arcángeles pueden ser invocados para la sanación, y las Virtudes pueden ser invocadas para que nos ayuden con nuestras cartas astrales.

P: ¿Llegan nuestros familiares fallecidos alguna vez a ser ángeles?

R: No, los ángeles son una especie o categoría específica. Cuando morimos, podemos ser guías espirituales, porque hemos vivido, pero los ángeles nunca tienen que vivir porque ellos no tienen que aprender ninguna lección como nosotros.

P: ¿Cuál es la diferencia entre guías espirituales y ángeles?

R: Esta respuesta es similar a la anterior. Los ángeles fueron creados como compañeros y protectores de la humanidad. Los guías espirituales, por otro lado, han vivido para perfeccionarse. Las probabilidades de que lleguemos a ser o de que hayamos sido guías espirituales son de un cien por ciento.

P: ¿Tienen nombres los ángeles?

R: Muchos de los textos religiosos les han puesto nombres a los ángeles, pero eso parece ser más un asunto dogmático o humano. Podemos usar cualquier nombre, pero personalmente, creo que es incluso más importante invocar la categoría que necesitemos. Sin embargo, en caso de duda, invóquelos a *todos*.

P: ¿Tiene todo el mundo un ángel de la guarda?

R: Sí, todo el mundo tiene un ángel de la guarda, excepto las entidades oscuras y malvadas. Estas entidades parecen estar solas sin ningún tipo de guías, y no parecen desearlas. Estoy segura de que estas entidades oscuras están manipuladas por el mal, y no tienen guías espirituales o ángeles como nosotros.

P: ¿Es Satanás un ángel caído?

R: Lógicamente, ¿por qué habría solamente una entidad con cuernos y cola? Satanás no es un solo ser, sino un grupo de entidades separadas de Dios desde el comienzo. Ellos no eran ángeles porque no existen los ángeles malos. Esto sería una contradicción que refutaría la palabra ángel. Todos los ángeles son buenos, puros, formas de vida creadoras, cuyo único propósito es servir a Dios. Nosotros los humanos, por otro lado, debido a que estamos en una misión de aprender de Dios, al comienzo escogemos ya sea el lado errado (oscuro) o el lado correcto (entidades blancas). Esto, sin embargo, jamás se refiere al color de la piel; el aspecto oscuro y blanco se refiere únicamente al alma.

Este plano terrenal es el único infierno por el que tenemos que pasar, y ahí es donde parecen sobrevivir las entidades oscuras, pero el ejército de ángeles de Dios, los guías espirituales, el Santo Espíritu, la conciencia Crística y las entidades blancas, siempre superarán la maldad, aunque a veces parezca que estuvieran perdiendo la batalla. Al fin de cuentas, tarde o temprano todo vuelve a su lugar.

P: ¿Por qué tienen alas los ángeles?

R: He pensado mucho en esto, y con la ayuda de mis propias investigaciones y la comunicación con mis guías espirituales, así como con personas bajo hipnosis (las cuales pueden ofrecer un caudal increíble de información válida), creo que el propósito de sus alas es para diferenciarlos de otras entidades, tales como nuestros seres queridos fallecidos, guías espirituales, y otros. Parece ser su distintivo. También considere lo que mencionamos brevemente en los capítulos anteriores. Sus alas simbolizan qué tan rápido pueden moverse, y también el consuelo de saber que pueden protegernos y envolvernos con su amor.

P: ¿Vienen los ángeles en diferentes tamaños o aspectos?

R: Sí, algunos ángeles pueden lucir enormes, especialmente los Tronos y los Principados. También pueden ser más pequeños, incluso de apenas unos centímetros; pero en todas mis investigaciones, al contrario de las interpretaciones de muchos artistas, no hay ángeles que sean niños o bebés. También, según hemos visto en capítulos precedentes, pueden asumir forma humana por un corto periodo de tiempo para protegernos o advertirnos de un peligro. Muchas religiones todavía creen que debemos ser amables con los extraños porque podrían ser ángeles camuflados. Lamento ser aguafiestas, pero en el mundo de hoy, a pesar de que las buenas acciones son indispensables, también tenemos que ser un poco más prudentes.

P: ¿Tienen personalidad los ángeles?

R: Me siento más inclinada a decir que son personajes definidos, dados sus diferentes niveles, y para lo que más se ajustan sus talentos (sanación, canto, protección y así sucesivamente). No, jamás he escuchado hablar de un grupo de ángeles que se reúna en el Más Allá, o que se cuenten chistes como lo hacemos nosotros. Ellos parecen ser una forma de inteligencia imbuida de serenidad, con un propósito singular, y no piden nada a cambio.

P: ¿Son independientes los ángeles, o deben actuar solamente si Dios les dice que lo hagan?

R: Los ángeles parecen saber no solamente adónde quiere Dios que vayan, sino que además siempre nos están protegiendo. Nuestros guías espirituales también juegan un papel en la invocación de los ángeles, pero jamás piense que no tenemos el poder de invocarlos por nosotros mismos, y debemos hacerlo todos los días, tal como yo lo hago. Los dos grupos que parecen ser enviados directamente por Dios son los Principados y los Tronos. Podemos invocarlos por nosotros mismos, pero primero debemos acudir al Dios Padre y al Dios Madre, a los ángeles, guías, seres queridos y así.

P: ¿Se sientan el Dios Padre y el Dios Madre en tronos? Y si así es, ¿se sientan los ángeles a Su lado?

R: Dios Padre Om y Diosa Madre Azna no tienen tronos. Esa imagen fue más o menos inventada por los humanos, quienes tienden a humanizar a Dios como si Él o Ella fuera rey o reina. Dios está en todas partes y en todas las cosas, pero Dios Padre y Diosa Madre tienen una estructura como entidad demarcadas. Lo único que he aprendido de mis investigaciones es que, el Dios Padre es una entidad masculina, Él es demasiado poderoso y decide sostener una forma por un espacio muy corto de tiempo. Madre Azna, por otro lado, asume una forma casi todo el tiempo y puede ser vista en todas partes. Los ángeles no se sientan cerca de ningún trono no existente; ellos también están en todas partes. Están alrededor del mundo, a nuestro alrededor, alrededor de nuestras casas, de nuestros trabajos, en todas partes.

P: ¿Por qué las categorías de ángeles tienen diferentes nombres y deberes?

R: Los ángeles dentro de una categoría no tienen nombres individuales, aunque muchas religiones usan nombres de humanos tales como Miguel, Rafael y Ariel. En verdad, ellos no están definidos individualmente. Responden al nombre de una categoría en particular. Si usted desea escuchar música celestial, invoque a los Querubines y Serafines. Si desea sanación, invoque a los Arcángeles o a las Potestades.

P: ¿Por qué Dios creó a los ángeles? ¿No tiene suficiente con nosotros?

R: Por supuesto que Dios tiene suficiente con nosotros, pero Él en toda Su sabiduría, se dio cuenta que necesitábamos protectores aquí en la Tierra, y en su a veces infernal ambiente. Por esta razón, Él creó a los ángeles.

P: ¿Cuántos ángeles hay?

R: Cada texto religioso, así como las personas que han experimentado el Más Allá, refieren o declaran lo mismo: Parece haber legiones de ángeles, más de lo que uno podría llegar a contar. Mi guía dice que nadie los ha contado jamás, pero parecen ser un millón de millones. Esto parece lógico, ya que hay tantos, y en un momento dado podemos tener cinco o seis ángeles (o legiones) rodeándonos cuando los necesitamos. Vale la pena mencionar que los ángeles también protegen la Tierra y a todos los animales.

P: ¿Por qué algunas religiones representan a los ángeles como guerreros o vengadores que se levantan contra aquellos que desafían a Dios y a Sus enseñanzas?

R: Esto es pura fantasía. Todo tiene que ver con la creencia errónea de que Dios es malo, rencoroso y vengativo. Si esto fuera cierto, entonces Dios sería negativo; pero Dios, siendo puro amor, jamás envía a nadie a hacerle daño a otra persona, lugar ni nada, y con toda seguridad jamás enviaría a un ángel a hacer algo así. Dios no puede ser puro amor y tomar partido. Por supuesto, los ángeles son protectores, y ellos, como los Tronos, portan espadas, pero esto es solamente para atravesar la oscuridad de la negatividad.

P: ¿Por qué los guías necesitan a los ángeles? ¿No tienen ellos suficiente poder?

R: Claro que sí, pero ¿por qué no llamar a todas las tropas, si están ahí, para ayudar a las entidades que ellos guían? Francine me ha dicho muchas veces que los ángeles siempre asisten a los guías espirituales mientras nos cuidan. Creo que, sencillamente, mientras más entidades nos cuiden, mejor. Ellos necesitan a los ángeles para que los ayuden a vigilarnos mientras atienden otros asuntos de nuestras cartas astrales.

P: Si los ángeles tienen tanto poder, ¿por qué no pueden ayudarnos siempre?

R: Siento decirles que a menudo esta pregunta es realmente frustrante. No es la culpa de nadie; solamente quisiera que más gente comprendiera que sin los ángeles, estaríamos verdaderamente en problemas. Quisiera que todo el mundo repasara su vida, y tratara de recordar las ocasiones en que casi muere, o en que tuvo un accidente grave o sintió la alerta de una situación en particular. Dejemos fuera de nuestro vocabulario las palabras *coincidencia* e *imaginación*. Si usted llevara un diario por tan sólo una semana, registrando cuántas veces recibe mensajes o sensaciones, jamás dudaría de la verbalización de sus guías, o de la presencia real aunque invisible de los ángeles en su vida.

Los ángeles no pueden ayudarnos siempre cambiando los contratos que tenemos con Dios para aprender, pero sí pueden hacer más fácil la jornada, dándonos el coraje para enfrentar nuestras vidas, o advirtiéndonos para que no tomemos el camino errado o fallezcamos. Sé a ciencia cierta que sin ellos la vida sería mucho más oscura y desolada.

La siguiente pregunta puede parecer extraña, pero la he escuchado tantas veces que estoy convencida de que cae bajo la categoría de maldiciones o posesiones. Claro que nadie puede ser maldecido ni poseído, pero aquí va:

P: ¿Matan los ángeles a las personas en nombre de Dios?

R: ¡Qué paradójico sería esto! Los ángeles están aquí para el amor, el cariño y la protección, y sería contrario a su propia y bondadosa esencia, hacer daño o matar. Por lo tanto, la respuesta es un categórico *¡no!*

P: ¿Por qué los ángeles no se manifiestan más a menudo ante nosotros?

R: Lo hacen, pero no siempre percibimos los mensajes que nos dan, ya sea que provenga de un extraño, o de destellos de luz al anochecer, de la brizna que produce una pluma, o de un mensaje telepático.

Justo después de escribir esta última respuesta, recuerdo que me encontraba en una pequeña tienda. Una encantadora mujer de cabello negro estaba tras el mostrador. Sonrió y me preguntó si podía ayudarme en algo. Dije: "No, gracias, sólo estoy mirando." Miré un poco y decidí que la tienda era un poco costosa, entonces di la vuelta y le agradecí.

Me dijo: "Por favor cúidese. Muchas personas la necesitan." Me quedé ahí parada un momento y la miré a los ojos.

Me atreví a preguntar: "¿Me conoce?" pensando que me habría visto en la televisión.

Me dijo: "No en la forma que usted piensa." Me estremecí, lo cual no me ocurre a menudo.

Más tarde, después de contarle a mi nuera lo ocurrido, regresamos a la tienda. Esta vez, la atendía una rubia voluminosa. Le pregunté por la encantadora mujer de cabello negro que había conocido antes en la misma tienda.

La rubia se quedó mirandome y dijo: "Aquí no trabaja ninguna mujer de cabello negro, Esta es mi tienda, sólo yo trabajo aquí. Y además, abrimos todos los días a las cinco de la tarde, nunca antes."

Bien, piense lo que quiera, pero yo sé que se suponía que entrara a esa tienda y tuviera un encuentro con lo que creo que era un ángel. En realidad me ayudó mucho, porque el día antes había estado obsesionada con mis asuntos económicos (sí, tengo a muchas personas a mi cargo), y después que ella habló conmigo, sentí que todo iba a estar bien.

P: Cuando los ángeles emiten energía, ¿por qué es de un color distinto?

R: Creo que la razón por la cual esto ocurre es mucho más complicada que designarles sus deberes específicos. Es similar a la idea de que las enfermeras usan uniformes blancos, y las monjas usan hábitos negros; es para denotar su posición definida. Los colores emitidos por los ángeles se identifican por su categoría y sus deberes. Encarémoslo, la energía tiene color. A menudo el color de los ángeles representa no solamente el color de la sanación, sino el color del valor, de la ayuda para mantenernos en nuestro camino a través de sus mensajes telepáticos.

P: ¿Si creemos en los ángeles, nos pueden ayudar más?

R: La fe es una energía poderosa. Nuestra fe en los ángeles ayuda a atravesar el velo de este mundo al siguiente. Por esa razón, los niños que son todavía totalmente inocentes pueden ver a menudo a los ángeles, simplemente porque nadie les ha dicho que no pueden verlos.

P: ¿Necesitan dormir o descansar los ángeles?

R: No, los ángeles no necesitan descansar o dormir, ni tampoco los guías espirituales, ni ninguna otra entidad del Más Allá. Allá, todos tenemos un cuerpo, pero es un cuerpo perfecto y glorioso que no se cansa, se enferma, ni tiene deseos. Todos estamos en un estado perfecto, o como lo dice Joseph Campbell: "en la gloria."

P: ¿Tienen los ángeles que asistir a un lugar en especial para adorar a Dios?

R: No, no tienen que ir a ningún lugar en especial, al igual que nosotros tampoco tenemos que hacerlo ni Nuestro Señor lo hizo. Podemos adorar a Dios en cualquier lugar, donde sea y a la hora que sea, porque Dios está en todas partes. Marcar un espacio sería como limitar la presencia todopoderosa de Dios. Repito: Dios no tiene preferencias.

P: ¿Se manifiestan los ángeles en el Más Allá?

R: Por supuesto que lo hacen, y de forma muy visual. Es únicamente aquí que a ellos les cuesta trabajo manifestarse. Cuando estamos en el Más Allá, o mientras morimos, los ángeles nos esperan para ayudarnos ante la primera señal de peligro.

P: ¿Por qué los ángeles se manifiestan a veces a personas que no pertenecen a una determinada religión?

R: Repito que Dios y los ángeles o guías espirituales, no tienen favoritos. Muchas personas que jamás han creído, llegan a tener experiencias que cambian sus vidas para siempre. Es como los escépticos de mente abierta. (Todos podemos ser un escéptico de mente abierta.) Estoy segura de que si un ángel se les apareciera, los escépticos de mente cerrada seguirían incrédulos. Pero repito, Dios no tiene preferencias. Sencillamente, siento piedad por los escépticos que no creen en Dios y en la vida después de la muerte, o en los ángeles. No es cuestión solamente de fe, es también lógico que Dios no sólo existe, sino que además tiene ayudantes que son muy reales y están aquí para ayudarnos. Me siento mal de que algunas personas no creen, no en mí sino en un Poder Mayor. Sin embargo, Dios nos bendice de todas maneras. Ellos lo descubrirán cuando mueran.

Hay muchas otras preguntas, pero como éstas son las que me hacen con mayor frecuencia, espero que las respuestas les hayan aportado una mejor comprensión de estas entidades benditas, que están aquí al servicio de Dios para ayudarnos. En verdad pienso que creer en los ángeles nos lleva más cerca de nuestra espiritualidad y de Dios.

Todos podemos disfrutar de nuestros ángeles, invocarlos a diario o cada vez que pensamos en ellos, y también hacer como yo hago para hablar con ellos. Mientras más lo hacemos, más percibimos que los ángeles están a nuestro alrededor, prestos y dispuestos a ayudarnos, a amarnos, a darnos amor, valor, sanación y protección.

X

Más cartas e historias de ángeles

"Alabadle, vosotros todos sus ángeles;
Alabadle, vosotros todos sus ejércitos."

— Salmos 148:2

Todo lo que hacemos en esta vida que nos ayuda en la búsqueda de nuestra verdad espiritual (sea cual sea), nos ayuda a ascender un peldaño de la escalera en la expansión espiritual hacia Dios. Y cuando todo se haya dicho y hecho, como dicen por ahí, no importa lo que logremos en la vida, pues nunca jamás será tan importante como buscar por qué estamos aquí, quién está aquí con nosotros, y cuál es la razón de todo. Mi filosofía, tal como muchos de ustedes ya lo saben, es sencillamente: *Ama a Dios, haz el bien, y luego cállate y vete a tu Hogar.* Espero que todos vayamos al Hogar por adelantado, explorando y aprendiendo; entonces, en verdad, esta vida no habrá sido en vano.

Quería terminar este libro con un capítulo dedicado a historias de ángeles. Como lo dije con anterioridad, sería imposible incluir en un solo volumen todas las historias que he recibido, que son literalmente miles, por eso he escogido algunas de mis favoritas. Algunas son conmovedoras, y algunas le darán escalofríos. Espero que logren exaltarlo tanto como a mí. Cada carta que he tenido el privilegio de recibir, revela una verdad manifiesta: Los ángeles estuvieron ahí para ofrecernos consuelo, ayuda, sanación y protección.

Las siguientes historias de ángeles apoyan o confirman intensamente las presentadas en los capítulos precedentes. Ya sean los ángeles apareciendo en forma humana, o trayéndonos protección, la lección es siempre la misma: Están aquí para ayudarnos y gratificarnos con el amor de Dios, y con su comprensión y protección omnipotente.

Karen escribe:

"Mi familia ha tenido muchas experiencias con ángeles, pero un incidente en particular tuvo un gran impacto en mi vida, y en verdad me hizo ver todo desde una perspectiva distinta.

"Hace varios años, mis hijos, mi mejor amiga, sus hijos y yo, fuimos una noche a cenar y a divertirnos en Pizza Hut. Nos quedamos más tarde que de costumbre, sin darnos cuenta de lo tarde que se había hecho para la escuela y el trabajo al día siguiente. Cuando finalmente nos dimos cuenta de la hora, salimos corriendo del restaurante hacia los autos. Nancy, mi mejor amiga, con sus hijos a cuestas, salió corriendo hacia su carro antes que mis hijos y yo. Yo iba caminando con mis dos chicos, uno de los cuales es más lento que un 'oso promedio'".

"Pero, saliéndome un momento del tema, quisiera explicar por qué uno de mis hijos es más lento de lo normal. Nicholas nació con un tumor embrionario muy maligno. Ya lleva diez años en remisión sin reincidencia. El milagro de este resultado es que a la edad de siete meses, a Nicholas le extrajeron un tumor canceroso del tamaño de una toronja. Después no hubo necesidad de más tratamientos, ni siquiera radioterapia o quimioterapia. Los doctores quedaron sorprendidos por su recuperación, sin embargo, supe todo el tiempo que iba a estar bien. Mi familia cree verdaderamente en el poder de la oración, y en la magia de los milagros. Sin embargo, hasta la fecha, hemos observado dificultades físicas y de desarrollo en Nicholas, con las cuales ha tenido que luchar muy duro. El tumor canceroso ha dejado a Nicholas con una debilidad muscular en sus extremidades tanto superiores como inferiores, lo cual entorpece su capacidad de dar grandes pasos y su movilidad.

"Esto me hace retornar a mi historia —iba caminando con mis dos chicos —específicamente en medio de los dos mientras Nicholas se iba quedando rezagado. Llevaba los restos de la pizza y no me daba cuenta de la distancia que se estaba acumulando entre Nicholas y yo. Mientras el resto del grupo y yo ya habíamos cruzado el andén y estábamos llegando al estacionamiento, me di cuenta que Nicholas no estaba tan cerca de mí como debería. Miré hacia atrás y me di cuenta de que Nicholas acababa de pasar el andén, y estaba apenas llegando al estacionamiento. En una fracción de segundo, advertí un auto blanco que venía a alta velocidad acercándose a la entrada del estacionamiento. Le grité a Nicholas: *¡Ten cuidado!*' mientras me quedé ahí petrificada, esperando el choque. En el momento en que grité, todo el mundo volvió su mirada para ser testigos de cómo Nicholas iba a ser literalmente enviado o empujado hacia nosotros. Su espalda se arqueó mientras era catapultado en el aire y caía al alcance de mis brazos. Lo agarré mientras el conductor del auto se escapaba zumbando, sin detenerse o reaccionar.

"El auto había pasado al lado de Nicholas sin golpearlo ni arañarlo. Mientras abrazaba a Nicholas —todos tratando de recuperar nuestro aliento —simplemente no podíamos creerlo. Estábamos totalmente asombrados de lo que habíamos visto, y aplaudimos a Nicholas por su valiente y atrevida hazaña. Créanme cuando les dijo que Nicholas nunca se había movido tan rápidamente en sus diez años. Y no hubiera sido posible que él lanzara su cuerpo de la forma en que lo hizo sin la ayuda de una Presencia. Sencillamente, Nicholas no puede moverse de esa manera ni a esa velocidad.

"Después de esa experiencia, nuestra familia no solamente cree que Nicholas está lleno de sorpresas, sino que además tiene un ángel de la guarda que lo protege y lo cuida. De hecho, había una Presencia que solía estar a la entrada de su habitación. Nicholas la ha visto una par de veces, y la describe como una sombra con sus brazos doblados tras su espalda, observando. Al principio, esto lo asustaba, pero le dije que era su ángel de la guarda de Pizza Hut, y que no debía temerlo, pues sólo estaba verificando que estuviera bien.

"Gracias por darme la oportunidad de compartir mi historia con ustedes."

Esta es una historia verdaderamente maravillosa y edificante. A Gina, mi ex-nuera le ocurrió más o menos lo mismo. Ella iba con mi nieta Angelia en su cochecito. Gina iba cruzando el borde de la acera, cuando en ese momento, según nos relató a todos en la oficina, unas manos invisibles y fuertes la empujaron con tanta fuerza que fue devuelta a la acera, para darse cuenta que una camioneta blanca avanzaba directamente hacia ella y Angelia. Si no hubiera sido por ese violento empujón, sin duda alguna que las dos habrían muerto.

R. T. escribe:

"Hace varios años, iba paseando con mis perros tal como lo hago a diario. De repente, me paré en seco y los perros se sentaron. Justo tras de mí, sentí lo que parecía un cálido viento sobre mis hombros acompañado por un aroma de rosas. Una suave voz me dijo: 'Ahora tienes un ángel de la guarda.' He visto a menudo ángeles y espíritus y he tenido numerosas experiencias psíquicas, ¡pero esta fue la más original!"

La siguiente historia es un poco larga, pero en toda su belleza, representa la protección que los ángeles les brindan a los niños.

Cynthia escribe:

"En 1994, sé que Dios envió un ángel para proteger a mi hija Corinne. En esa época ella tenía seis años y era la luz de nuestras vidas.

"Mi esposo Paul y yo llevábamos siete años de casados antes de que ella fuera un aporte de agradable bienvenida y alegría en nuestro mundo. Él se convirtió en un padre muy afectivo desde el principio, y Corinne y su padre tenían una relación muy cercana. Era la niña de sus ojos. Disfrutábamos plenamente del Sueño Americano: un buen matrimonio, una hija hermosa, y una casa preciosa en un pequeño pueblo en Connecticut. Paul era un artista talentoso, entrenaba al equipo infantil de fútbol de Corinne, y trabajaba como instructor de lenguaje por señas y con los minusválidos. (No es que esté tratando de representarlo como un santo, pero después de trece años de casados, en verdad nos conocíamos muy bien mutuamente, y él era y siempre será mi mejor amigo.)

"El 17 de noviembre de 1994, nuestras vidas cambiaron para siempre. Me desperté para encontrar a Paul en la cama con convulsiones masivas... sin haber tenido ningún tipo de problemas el día antes. Tuvo un ataque al corazón a los treinta y siete años. Salté a encender las luces, llamé al 911, cerré casi por completo la puerta de la habitación de mi hija (su habitación se encontraba justo frente al corredor, apenas a unos metros), amarré el perro, y esperé que llegaran los paramédicos. Usted podría fácilmente imaginarse el caos que siguió: sirenas sonando, luces estruendosas, perro ladrando, y yo gritando y llorando a pleno pulmón. Los asistentes de la unidad de emergencia fueron maravillosos, y trabajaron arduamente para tratar de salvar al hombre que todos conocían (vivimos en un pequeño pueblo).

"En el punto más acalorado de la situación, tiraron la mesita de noche y la estrellaron contra el piso, con un gran estruendo sacaron a mi esposo de la cama, y prepararon el equipo de resucitación, el cual zumbaba a gran volumen, haciendo un ruido constante, el cual le bajó la intensidad a todas las luces de la casa, y en general, causaba un gran alboroto. Durante todo este tiempo le gritaban que aguantara, mientras yo les gritaba que me dejaran ir por mi hija. Me gustaría decirles que escuché un coro celestial que me brindó paz en ese momento crucial, pero no fue así.

"Tan pronto logré llegar al corredor, mientras cargaban a Paul en la ambulancia, corrí a ver a mi hija. Al abrir la puerta de su habitación (la cual estaba entreabierta durante todo el tiempo), segura de que debería estar totalmente traumatizada, vi una luz brillante. Toda la habitación estaba completamente *resplandeciente*. Por un momento pensé que era el reflejo de las luces exteriores, pero las luces de las radiopatrullas estaban en la calle al lado opuesto de la casa. Esta luz blanca y brillante sobrevolaba su cama, unos cincuenta o sesenta centímetros por encima de la figura de mi niña de seis años que dormía plácidamente. De repente, mientras caminaba hacia ella, todo desapareció. Le di un beso y la sostuve mientras percibía como dormía profundamente. Dejé a mi vecina en casa cuidándola, y salí para el hospital.

"Mientras me encontraba recostada en mi cama la noche siguiente, pasaban por mi mente todas las imágenes locas de la noche anterior. ¿Cómo fue posible que esta niña haya dormido con todo el ruido y la confusión que estaba ocurriendo justo a unos metros de ella? Eso es *irreal*. Entonces vi lo que solamente puedo llamar una visión divina. No fue un sueño, ya que no estaba dormida. Apesadumbrada, sí. Loca... bueno, en realidad el jurado todavía no ha dictado su certamen al respecto (estoy bromeando). Soy una mujer educada e inteligente. Vi claramente la figura de mi hija, dormida profundamente en su cama. Una luz brillante y hermosa comenzó a llenar la habitación. Una sensación cálida y maravillosa acompañaba esa luz. Mientras observaba, apareció una gran figura con una túnica, flotando un poco por encima del piso, de apariencia brillante, muy alta y fuerte, una criatura imperiosa rodeada de una luz resplandeciente; el misto tipo de luz que había visto la noche anterior. Me quedé totalmente asombrada ante este hermoso ser que se arrodillaba al lado de mi cama y me cubría con sus alas.

"Hablamos acerca de esto muchas veces a lo largo de los años, y aunque estoy segura de que muchas personas podrían atribuirlo a mi estado de duelo en ese momento, y a la falta de sueño, creo, verdaderamente, con todo mi corazón, que Dios envió un ángel para evitarle a mi hija el dolor de ser testigo de los últimos momentos de su padre. Corinne no recuerda a su 'visitante' de esa noche. Ella dormía profundamente durante toda la experiencia, lo cual es sorprendente cuando uno considera lo pequeño que era el corredor y el nivel de ruido que había. Es aún más sorprendente para mí considerar el extraordinario poder de Dios."

Wendall escribe:

"En realidad, no sé si esta es una historia de ángeles. Acababa de cumplir 19 años el 8 de noviembre de 1969. El 10 de noviembre, otros tres soldados y yo íbamos con el tráfico, llegando a la entrada del puesto de guardia del Fort Leonard Wood, cuando nos chocó un auto. Quedé bajo el vehículo, y los otros tres soldados fueron tirados hacia los lados. Fui arrastrado por unos 50 ó 60 metros, según dicen unos y otros, pero siempre consciente. Cuando logré liberarme del auto, recuerdo haber rodado varias veces. Cuando me detuve, encontré arrodillada ante mí a una hermosa mujer de raza negra vestida con un precioso traje. Aunque más tarde se llegó a dudar que yo sobreviviera, recuerdo haber sentido mucho amor y consuelo emanando de ella. El conductor se escapó de alguna manera y jamás pudieron encontrarlo, y hasta el día de hoy, no tengo idea de quién era esa mujer. Repito que no sé si esta es o no una historia de ángeles, pero esta mujer lucía como tal ante mí."

Ella era definitivamente un ángel, y esto también comprueba que los ángeles aparecen en muchas formas hermosas para ayudarnos en nuestros momentos de necesidad. También demuestra que los ángeles vienen en todos los colores, y están llenos de amor y compasión.

◈— ◈— ◈

Mike escribe:

"Soy un hombre de 49 años y vivo en el sur de California. En octubre de 2000, me operaron del corazón en el Hospital Good Samaritan de Los

Ángeles. Temprano en la tarde, (entre las cinco y las seis) a la víspera de mi operación para remplazar una válvula mitral defectuosa de nacimiento en mi corazón, que se había calcificado severamente y me había dejado casi muerto, estaba solo en la habitación del hospital, cuando una mujer de unos treinta y tantos años, vestida de forma conservadora pero de buen gusto, de un tamaño promedio y cabello oscuro, entró calladamente a mi habitación.

"Puesto que ya llevaba casi ocho días hospitalizado antes de mi operación (estaba gravemente enfermo debido a complicaciones hepáticas causadas por mi condición cardíaca), ya estaba acostumbrado a ver personas que entraran y salieran de mi habitación a toda hora durante el día y la noche, por una u otra razón. Ella se me acercó (yo estaba medio sentado al borde de mi cama) y me dijo sencillamente: 'Hola, ¿mañana te operan?'

"Le contesté: 'Sí, es correcto, mañana en la mañana.'

"Me preguntó: '¿Estás preocupado o nervioso por la operación?'

"Puesto que ni mis familiares ni mis doctores me habían hablado sobre las posibilidades de éxito de la operación, le dije que no, que no estaba nervioso, solamente quería que todo acabara, ya que deseaba intensamente sentirme mejor, y la operación era la única forma de aliviar mi sufrimiento.

"La mujer, quien por cierto lucía de alguna manera vagamente familiar, me preguntó si era religioso. Le respondí sinceramente que no, que no lo era, pero que creía en Dios. Luego me preguntó si deseaba orar con ella. Le dije: 'Sí, me gustaría hacerlo.' Ella se sentó del otro lado de mi cama, tomó mi mano derecha en una de sus manos, colocó la otra mano alrededor de los dos, cerró sus ojos y comenzó a orar.

"No recuerdo casi nada de la oración excepto que ella usó la frase 'Padre Celestial' numerosas veces. Lo que más recuerdo vívidamente después de unos 16 meses, fue la increíble fortaleza, firmeza y calidez (casi calor) de sus manos a mi alrededor, mientras que al mismo tiempo, se sentían tan suaves y tiernas. He descrito la sensación como si me hubiera agarrado un jugador muy suave de hockey. Ella oró durante un minuto aproximadamente y luego se detuvo, soltó mi mano, dijo algo así como: 'Buena suerte mañana,' salió al corredor y se fue. Por un corto periodo de tiempo recuerdo haberme sentido tranquilo y en paz. Al reflexionar sobre esto, comencé a preguntarme quién sería ella exactamente. Supuse que era una capellana del hospital o algún tipo de mujer religiosa que iba visitando a las personas que tenían operaciones importantes.

"Más tarde esa noche, mi esposa vino a visitarme y le mencioné ligeramente el incidente. No me dijo nada en ese momento, pero después me confesó que pensó que me había imaginado todo el episodio. Cuando me registré en el hospital, no había declarado ninguna afiliación religiosa. Esa noche después de salir de mi habitación ella visitó la oficina del capellán del hospital, y le preguntó al reverendo de guardia, si enviaban rutinariamente a alguien, específicamente a una mujer, a visitar los pacientes antes de sus operaciones. Él dijo que no lo hacía, a menos que un paciente solicitara que uno de sus asistentes (un padre católico y un rabino judío) lo visitara antes de la operación programada. En casos en que las personas no declaraban ningún tipo de afiliación religiosa, él no se inmiscuía con las ideas o la disposición de las personas. Dijo específicamente que no tenía conocimiento de ninguna mujer del hospital, o de ningún otro sitio que realizara en ningún momento ese tipo de deber.

"Creo que mi mujer seguía creyendo que yo había alucinado o soñado todo el evento, pero estoy totalmente seguro de que fue real y de que ocurrió verdaderamente. Todavía puedo sentir la calidez y la suave fuerza de aquellas manos a mi alrededor, y recuerdo sentir una profunda conexión con ella mientras orábamos. Hasta el día de hoy, sé que podría reconocer su rostro en medio de una multitud, y sigo creyendo que la había visto antes en algún lugar.

No recuerdo claramente lo siguiente, pero cuando era muy joven, mi madre y mi abuela me dijeron que tenía dos amigos o compañeros imaginarios, quienes para mí eran muy reales. ¿Es posible que sea de ahí que conociera a esta mujer? ¿Sería ella mi ángel de la guarda o mi guía espiritual? y ¿sería posible que me conectara con ella de nuevo antes de morir? ¿O esto no depende de mí, sino de ella o de Dios? Estoy seguro de que la veré de nuevo cuando me encuentre listo, y finalmente, muera."

No importa la forma en que vengan los ángeles, ya que en realidad, *sí* vienen a brindarnos consuelo en momentos de necesidad. Si pensamos y nos mantenemos alerta, les aseguro que todos podemos recordar un extraño que nos haya ayudado... y que era probablemente un ángel.

Kate escribe:

"Tengo una historia que compartir de cuando yo era una niña y conocí a un ángel. En esa época, no creo que tuviera más de tres años, y puedo recordarlo como si hubiera ocurrido ayer.

"Vivo en el sótano de un edificio de cuatro apartamentos con mi madre, dos hermanas, y un hermano, y recuerdo que una tarde una amiga de mi madre se estaba quedando en casa, y nos dijo a los hijos que fuéramos a jugar a nuestra habitación. Recuerdo que nuestra puerta estaba cerca a la habitación de ella, y que por alguna razón ninguno de los chicos nos atrevíamos a acercarnos a ella. Mis hermanas tenían probablemente siete y ocho años, y mi hermano tenía dos años. Mi mamá se estaba empezando a enojar con nosotros. Salió de la sala, que estaba al final del corredor, y vino hacia nosotros, a decirnos que dejáramos de hacer tonterías y que nos comportáramos.

"Lo siguiente que recuerdo es que mi mamá abrió la puerta de la habitación y en ese instante un viento muy frío se precipitó hacia nosotros. Luego la habitación se puso muy caliente. La ventana estaba cerrada, y siendo una niña, no podía comprender de dónde venía el viento, pero al mismo tiempo, por ser niña, tampoco permití que eso me molestara.

"Mi madre nos agrupó en un círculo y le pidió a su amiga que se uniera a nosotros en oración. Nos criaron muy religiosos, y siempre estábamos en la iglesia o rezando en casa. El caso es que lo siguiente que recuerdo es que mi madre nos dijo que buscáramos a un ángel.

"Busqué por toda la casa pero no encontré nada, y me sentía desconsolada porque verdaderamente creía que podría ver a un ángel. Justo entonces, busqué en el área de la lavandería. Abrí la puerta y sobre la secadora de ropa estaba sentado el ser más hermoso que jamás había visto. Me asusté muchísimo, y debí haber lucido absolutamente petrificada, porque en ese momento, ese ser me habló. (Digo "ese ser" porque no sé de qué sexo era.)

"El ángel dijo: 'Katherine, no temas. No te haré daño [o quizás dijo no te voy a *lastimar*]. Siempre te voy a proteger. Soy tu ángel de la guarda.'

"Me volví hacia mi madre y le pregunté si podía ver al ángel. Ella me dijo que no y le pregunté por qué. Me dijo que porque mi corazón era puro y el de ella no lo era, o algo parecido. Para ser honesta, no recuerdo si alguno de mis hermanos lo vio, pero sí recuerdo que ellos habían tenido otros encuentros con otros espíritus, como me ha sucedido a mí también, a lo largo de los años.

"Nunca olvidaré esa experiencia que es un tesoro para mí. Cuando me siento deprimida, siempre pienso en ese momento y siento que alguien me cuida. No puedo realmente describir cómo lucía el ángel porque era la hermosura personificada. Al mismo tiempo, tenía rostro pero sin facciones. Eso podría no tener sentido para nadie, pero para mí sí lo tiene.

"A lo único que se podría comparar el ángel (aunque muy someramente) es a una estatua griega con el cabello a la altura de los hombros, con alas enormes y majestuosas. El ángel usaba una larga túnica como las que usaban los griegos en los tiempos antiguos, pero su color era de un dorado cálido. Era casi como si una luz balsámica y brillante emanara de ellas, y era el único color que tenía el ángel. Su cabello no tenía ningún color, ni su piel, ni sus ojos... sólo esta levedad."

Tal como lo he declarado muchas veces, los niños son puros de corazón y son capaces de ver lo que muchas otras personas no pueden. Esta historia también coincide con la información de que los ángeles son andróginos. Note también, que el ángel de esta historia confirma la emanación de energía que a menudo manifiestan los ángeles cuando aparecen ante nosotros. Es tanta energía que el ángel parece ser pura luz incolora, excepto por el color que brota de dicha energía.

Janet escribe:

"Ángeles alrededor del árbol... una imagen que siempre permanecerá en mi mente. Yo iba caminando a la casa de mi amiga, tenía unos cinco años, giré el rostro y vi a mis amigas jugando bajo el árbol en su jardín. La veía con el rabillo del ojo. Ahí estaba una figura femenina de un hermoso ángel al lado de ellas. Era del tipo que uno ve en los libros, con grandes alas y hermosas vestiduras.

"En verdad no recuerdo haber compartido esto hasta que fui adulta, puesto que sentía que no era algo que podía hablar con las personas a mi alrededor. Años más tarde, cuando me parece apropiado, comparto mi experiencia del ángel de la guarda de esos niños jugando alrededor del árbol. Esta es la única ocasión en que lo he puesto por escrito. Te bendigo por darme la oportunidad de compartir esta vivencia."

Este ejemplo también tipifica la forma en que los ángeles protegen a los niños. Creo que a menudo los vemos cerca de los niños porque ellos son inocentes y sin complicaciones; sin negatividad que los bloquee.

Susan escribe:

"La semana anterior al Año Nuevo de 2001, mi familia y yo decidimos conducir hasta West Virginia para visitar a mi madre, y para que los hijos y los nietos vieran por primera vez la nieve. Cada vez que hago un viaje largo, especialmente durante las fiestas, les pido a los ángeles que nos acompañen. Megan, mi hijastra, tomó una foto desde su ventana mientras conducíamos por la autopista interestatal. Cuando revelamos el rollo de fotografías, había dos ángeles con nosotros. Guardo esta foto en mi escritorio en mi oficina para recordarme que mis ángeles siempre están conmigo."

Ustedes no saben cuántas fotos he visto de, bien sea el perfil de un ángel en el cielo, o luces brillantes alrededor de una persona que no pueden ser explicadas como un brillo del lente.

Adam escribe:

"El papá de mi amigo llevaba a toda su familia a un lugar de vacaciones. Había mucha neblina y la visibilidad era mínima. Él dijo que de repente salió de la nada una luz azul desde la esquina del auto, mostrando más claramente el camino. Luego vio que se había salido de la carretera, y que estaba a punto de caerse sobre un precipicio. Me gusta esta historia y creo en ella. Este hombre es una persona muy honesta, una de las pocas que quedan en este mundo."

Esta historia también demuestra que los ángeles no solamente protegen, pero —tal como fue relatado antes en este libro— emiten luces, mandan tótems e incluso energía eléctrica.

Paula escribe:

"El 24 de septiembre de 2000, en Pigeon Hill, Georgia, mi hijo Dylan y yo decidimos ir a una excursión. En la cartera que llevaba en mi cintura puse unos dulces de chocolate que tenía Dylan y mi cámara. Caminamos un poco más de un kilómetro hasta un arroyo en donde jugamos en el agua, tirando piedrecillas y caminando sobre los troncos de los árboles. Durante todo este tiempo, le tomé fotos mientras jugaba. Entonces, advertí una especie de bruma llegando por la orilla. Mi primer pensamiento fue que eran ángeles, pero no podía comprender por qué estarían allí. Miré a lo largo del arroyo; la bruma solamente cubría a mi hijo. Después de unos minutos, ya no estaba.

"Dylan siguió jugando durante unos 30 minutos, y después decidimos regresar al auto. Le entregué sus dulces para que se los comiera durante el camino de regreso. Dylan iba caminando unos dos metros delante de mí al borde del camino. De repente gritó y saltó, entonces corrí hacia él. Había una víbora venenosa de un metro de largo mirándome en posición de ataque. Agarré a Dylan y le pregunté si estaba bien. Me dijo que se le había caído un pedazo de su dulce, lo cual lo había hecho mirar hacia abajo justo a tiempo para ver la serpiente. Su siguiente paso hubiera sido pisando la serpiente. Entonces, comprendí por qué habían venido los ángeles, y les agradecí por cuidar a mi hijo. Las fotos que tomé ese día revelaron la bruma (ángeles) alrededor de mi hijo.

"Después de esta dura experiencia, sentí que era necesario compartir mi historia con alguien más, y llamé a Letitia, mi abuela de 84 años. Después de contarle mi historia, ella quería también contarme *su* historia de ángeles, la cual desearía compartir con ustedes.

"Letitia se cayó y se rompió la cadera hace varios años. La primera noche en casa, una luz rosada sobre su cama la despertó. La luz se fue agrandando, y aparecieron los ángeles con túnicas, cubriendo con su luz toda la cama, como una tienda de campaña y luego desaparecieron. Después de esta experiencia, Letitia se sanó rápidamente de sus heridas. Desde que eso ocurrió, Letitia ha podido ver fantasmas jugando y ángeles cuidándola. Compartir esta experiencia con ella ha fortalecido aún más nuestra relación."

Aquí vemos de nuevo que no solamente vemos las luces de colores que los ángeles proyectan, sino también la bruma blanca que a menudo nos rodea.

Suzanne escribe:

"Creo que tengo dos historias de ángeles. Vivo en el campo, y tengo que viajar unos 32 kilómetros para llegar a cualquier lugar y me gusta conducir un poco rápido. En ese entonces trabajaba en un supermercado, y estaba organizando el estante de las revistas. Iba saludando y conversando con varios clientes mientras hacía mi trabajo. Una mujer a quien jamás había visto ni con quien había jamás hablado antes, de repente me dijo: 'ten cuidado cerca de la iglesia; tú sabes que los venados están hambrientos.' Bien, me quedé medio sorprendida, sobre todo porque estábamos hablando de cosas totalmente distintas, pero le dije: 'Gracias, tendré cuidado de regreso a casa.'

"Esa tarde, en el viaje de regreso, realmente no estaba pensando en lo que me había dicho la mujer, pero iba conduciendo por debajo de la velocidad máxima de 55. Justo cuando iba llegando al puente, al lado de la Iglesia Chapel Hill Baptist, había unos ocho venados cruzando la carretera. Pude detenerme porque no iba tan rápidamente como normalmente hubiera ido. Sólo iba a unas 40 ó 45 millas por hora. Estoy segura de que esa mujer era un ángel."

Este fue un ángel aconsejando y protegiendo a través de una advertencia. La mayoría del tiempo, los ángeles llegan de la nada y luego desaparecen. Es como si ellos nos enviaran mensajeros en un sobre de tiempo para protegernos.

Suzanne sigue:

"La segunda historia, no estoy segura de que haya sido un ángel, pero creo que sí lo fue. Yo iba a mi trabajo (en otro pueblo), y la carretera estaba cubierta de hielo. Iba despacio debido a las malas condiciones del camino. Tuve que detenerme en un semáforo en rojo, pero me estaba alistando para doblar en una calle de una sola vía. Escuchaba rock and roll clásico, y se acercaba la Navidad. Me gusta escuchar villancicos tradicionales, y no en el estilo de música rock, entonces cuando la emisora de música rock comenzó a tocar 'Joy to the World' (mi villancico preferido), no traté de girar porque estaba muy ocupada mirando mi radio. Mientras estaba ahí sentada, llegó un viejo tractor rojo y se pasó el semáforo en rojo, no pudiendo detenerse debido al hielo. Si yo hubiera girado cuando podía, me hubiera chocado con el camión. Estoy segura de que fue una intervención angélica."

La segunda historia de Suzanne demuestra cómo Dios y Sus ángeles siempre nos protegen.

Kim escribe:

"Jamás olvidaré mi historia. Era el verano de mi séptimo año escolar. Estaba en la playa con mi amiga, y estábamos jugando en el mar, saltando en las olas y divirtiéndonos. No nos dimos cuenta de que los salvavidas le estaban advirtiendo a la gente de la resaca que estaba llegando. Antes de que pudiéramos darnos cuenta, estábamos cada vez más mar adentro, las olas seguían llegando una tras otra, y ya no había nadie a nuestro lado. Cada vez era más difícil salir a la superficie entre cada ola, y mis brazos comenzaron a cansarse. Finalmente, no lograba mantener mi cabeza fuera del agua, y me sumergí. Recuerdo haber tocado el fondo del océano, y me senté ahí agotada y pidiéndole una y otra vez a Dios que me ayudara. En ese momento, me di cuenta de que no estaba luchando por salir a la superficie en busca de aire, me sentía como un pez, porque era como si pudiera respirar bajo el agua (siempre había tenido pánico de ahogarme porque pensaba que sería terrible no poder respirar).

"Me sentía en paz y oré una y otra vez; luego de repente, me levanté hacia la superficie como impulsada fuertemente desde el piso del océano con mis pies, pero estaba sentada en el fondo, no estaba de pie. Vi a mi amiga tratando de salir a flote y pude alcanzarla y agarrarla. Después, desde el océano, no desde la orilla, llegaron dos surfistas que nos colocaron en sus tablas de surfear y nos llevaron a salvo a la orilla. Lo más extraño es que los dos surfistas eran gemelos idénticos con penetrantes ojos azules. Cuando nos levantamos de las tablas en la orilla, nos retornamos para agradecerles, pero no encontramos a nadie... ni en el agua ni en la playa. En verdad creo que eran ángeles, y que no era nuestro momento de morir. A causa de esta experiencia, ya no tengo miedo a la muerte o al dolor que pueda acompañarla."

Esta es otra historia de cómo los ángeles toman distintas formas. Advierta también que en esta historia hay varios ángeles trabajando juntos, uno o más para impulsar a Kim hacia la superficie y dos para rescartarla a ella y a su amiga.

Rose escribe:

"Cuando mi hija Ashley, quien ahora tiene 14 años, tenía 5 años, solía pasar su tiempo en la soledad de su habitación. Podría escucharla bailar y cantar desde la cocina, que quedaba un piso por debajo de su habitación, y yo pensaba: *qué ternura.* Un día decidí escucharla durante uno de esos interludios musicales, cuando me quedé sin respiración. Mientras estaba en silencio tras la puerta de su habitación, podría escucharla cantando, riéndose y sosteniendo un maravilloso monólogo. Al comienzo pensé: *oh qué tierna, tiene un amigo imaginario,* hasta que escuché su vocecita llamándome: 'Está bien mami, puedes entrar. Solamente estaba hablando con mis ángeles. ¡Son tan divertidos!'

"Atónita, entré a su habitación, en donde a la madura edad de cinco años, me explicó que los ángeles eran sus amigos. Me dijo que venían a jugar con ella todo el tiempo y que si no le creía, que les preguntara, que estaban ahí mismo en la habitación. Yo estaba eufórica y me sentía honrada de ser parte de este momento mágico, en cambio, le dije a mi hija que la dejaría jugar en paz con sus hermosos amigos."

Los ángeles tienen una afinidad especial por los niños porque ellos no han sido contaminados por el mundo, diciéndoles que no pueden verlos o escucharlos. En este caso, los ángeles de Ashley eran sus compañeros de juego, pero los guías espirituales también se conocen por ser "compañeros de juego imaginarios" de los niños de todo el mundo.

Esta última historia es perfecta para terminar porque demuestra y confirma muchos de los aspectos de los ángeles.

Veronica escribe:

"Acababa de leer *The Other Side and Back*, (Regresando del Más Allá), luego vi tu página de internet, y eso me inspiró para compartir una historia, después de ver que estabas solicitando historias de ángeles. No le he contado esto a mucha gente.

"Tenía probablemente cinco o seis años, y estaba jugando en la calle con mis amigos vecinos en Ciudad de México, lugar donde crecí. La calle al frente de mi casa era más como una avenida, una ancha calle separada por un divisor muy ancho cubierto de pasto. Vivíamos en una pendiente, lo cual significaba que todo el tráfico directo al frente de nuestra casa iba en descenso y a una velocidad exagerada. Mis amigos vivían al otro lado de la calle, y mi madre siempre nos imploraba que tuviéramos mucho cuidado cuando cruzáramos la calle para ir a nuestras casas mutuas. Por supuesto, teníamos prohibido jugar en la calle o siquiera en la acera.

"En este día en particular, estábamos jugando a la *Guerra de las estrellas* en el patio del frente de mi vecino. Puesto que mi hermano era la autoridad máxima en el tema, era el dueño de toda una variedad de juguetes y armas, y yo me había ofrecido para regresar a casa y recoger un modelo en particular. Había aprendido a mirar a los dos lados antes de cruzar cualquier calle, y mis padres me habían advertido sobre los peligros de esta calle en particular.

"Por la razón que haya sido, ese día no miré, o no miré lo suficientemente bien antes de cruzar. Corrí a cruzar la calle, feliz y con el propósito de obtener ese juguete. Lo siguiente que vi, fue un Volkswagen del modelo Escarabajo, arremetiendo contra mí. Recuerdo que mi instinto me hizo pensar en retroceder hacia la acera, pero ya llevaba la mitad del camino recorrido. No sé si el pensamiento se tornó en acción. Recuerdo la sensación de haber sido envuelta en algo suave, pero solamente vi un destello de luz por un instante. Lo siguiente que supe y que vi, fue que estaba debajo del auto, con mis manos alrededor del parachoques de metal al nivel de mi pecho. Para un espectador, parecería como si yo hubiera detenido el auto por el parachoques. Recuerdo haber mirado al frente del auto y darme cuenta que estaba sobre mi espalda exactamente en medio del auto, con mis piernas totalmente derechas al frente mio. Unos segundos más tarde, escuché y vi los pasos de dos jóvenes que salieron corriendo del auto para sacarme. No tenía miedo, más bien, recuerdo que les aseguraba que estaba bien.

"Entonces, recuerdo la sensación de haber sido envuelta en algo suave e inmediatamente ser reemplazada por las manos más bien ásperas (en comparación) de los hombres tratando de sacarme de debajo del auto. Mi madre gritaba mi nombre desde la ventada del segundo piso. Los eventos siguientes se han borrado de mi mente, pero dos cosas sobresalen en mi memoria del resto de ese día: la certeza absoluta de que había sido tocada por algo puro y santo (ese sentimiento permaneció conmigo por varios días después, como un brillo prolongado), y un agradecimiento extremo por estar intacta, pues ni siquiera un rasguño, ni un moretón, ni una herida me quedaron de un hecho que debería haber dejado como resultado mis piernas gravemente lesionadas, en el mejor de los casos, y la muerte en el peor. No hay otra explicación para la posición en que quedé bajo el auto, por la ausencia de heridas y lesiones, y por la suave sensación de haber sido envuelta en algo. Estoy segura de que ese milagro fue la obra de mi ángel."

Este es un ejemplo ideal de la habilidad milagrosa de los ángeles para protegernos y defendernos. Repito que me enfurece cuando escucho a la gente preguntar: "¿Y qué tanto hacen los ángeles por nosotros?" Si recordáramos el pasado, nos daríamos cuenta de todas las ocasiones que casi terminaron en desastre, y que fueron evitadas ante la intervención amorosa y veloz de los ángeles.

Epílogo

Quizás debido a todas estas verdaderas, hermosas y edificantes historias sobre los ángeles, comenzó a surgir en mí una maravillosa comprensión mientras escribía este libro. Estoy convencida, sin ser humilde, que Dios, así como nuestros guías y ángeles, nos infunden verdades profundas. Si nos mantenemos abiertos, su mensaje podrá quedar impreso en nuestras mentes.

La gente me dice muy a menudo: "Cuanto más consciente y más sabio me vuelvo, también me vuelvo más psíquico." Nunca he comprendido por qué tratamos de separar las dos cosas. Mientras más nos acerquemos a Dios con nuestras mentes, corazones y almas, mayor información recibiremos. Siempre he creído que, usando un lenguaje moderno, todos nacemos con un teléfono celular, o con dos vasos de cartón unidos por un hilo, o con la habilidad de recibir señales de humo de Dios; pero nos olvidamos de usar esa habilidad, la hemos expulsado de nuestras vidas, o sencillamente, la hemos olvidado por completo. No solamente de manera "religionística" (advierta que esto difiere de religión), sino porque la vida está llena de ocupaciones, y nos olvidamos de la reciprocidad divina.

La simple verdad me llegó como resultado de pensar en esa típica pregunta que nos hacemos tan a menudo: *¿Dónde está mi alma gemela, mi media naranja, o la persona que me hará sentir completa?* Nos olvidamos de que hay mucha gente para amar, incluyendo aquellos que vemos y que no vemos: nuestros seres queridos fallecidos, nuestros guías, nuestros ángeles, y por último, no menos importante bajo ninguna circunstancia, Dios. Estoy convencida de que la razón por la cual la humanidad está siempre buscando amor, y de por qué la vida a menudo nos parece incompleta, es porque aquí en el plano terrenal, estamos separados, o así nos sentimos a menudo, del amor Máximo, no sólo el del Más Allá, sino del amor omnipresente de Dios.

El amor es la única respuesta verdadera a todo lo que nos rodea. Para asemejarnos a Dios debemos estar en un estado permanente de amor, no siempre *desear* ser amados. Los ángeles nos enseñan este concepto en su forma más pura. Sí, claro que tenemos amor aquí, pero no es como el amor del Más Allá, el cual es nuestro Hogar. Por eso es que si buscamos esa perfección en cada uno y en todo lo que aquí encontramos; y sentimos que nos traiciona, nos abatimos. Toda la humanidad está llena de errores y equivocaciones, pero eso no la aleja de Nuestra Divinidad Máxima, porque nuestros genes son perfectos gracias a que provenimos de Dios.

Una vez que aceptemos que estamos aquí, como digo con frecuencia, en un campamento mediocre, y que podemos superarlo con la ayuda de Dios, nuestro Máximo Amor, y con toda la ayuda celestial, la vida se vuelve más rica y más significativa. Esto jamás debería desacreditar la idea de que deberíamos tener un compañero, pero hasta que no incorporemos a Dios y a Sus amados siervos a nuestras vidas, estaremos propensos a errores y fallas. Algún día todos nos reuniremos con nuestros seres amados... y nuestro bendito Creador, y nuestros hermosos ángeles nos ayudaran a llegar allá.

Dios los ama y yo también,

— Sylvia

P.S. Mantenga siempre un ángel en su hombro, o de hecho, en los dos hombros, o en cualquier parte que se le ocurra. Aunque no lo pida, sus ángeles vendrán de todas maneras, porque son una extensión del Maravilloso Amor de Dios por todos nosotros.

Acerca de la autora

Millones de personas han sido testigos de los increíbles poderes psíquicos de **Sylvia Browne** en programas de televisión tales como *Montel, Larry King Live, Entertainment Tonight* y *Unsolved Mysteries,* y ha aparecido en revistas tales como *Cosmopolitan* y *People* así como en otros medios de comunicación nacionales. Sylvia es autora de numerosos libros y cintas de audio, es presidenta de Sylvia Browne Corporation; y fundadora de su iglesia, la Society of Novus Spiritus, localizada en Campbell, California. Por favor, contacte a Sylvia en: **www.sylvia.org,** o llame al **408-379-7070** para mayor información sobre su trabajo.

Acerca de la artista

Christina Simonds forma parte del equipo de trabajo de Sylvia Browne y es ministra ordenada de la Society of Novus Spiritus. Es una ilustradora que ve su trabajo como un medio para transmitir la filosofía Cristiana Gnóstica a través del simbolismo inherente a su arte. Para comprar impresiones de los dibujos de este libro, por favor visite su página de la red: **www.angelart-cs.com**

Notas

Notas

Notas

Notas

Notas

Notas

Notas

Notas

Notas

Notas

Esperamos que haya disfrutado este libro de Hay House.
Si desea recibir un catálogo gratis con todos los libros y
productos de Hay House, o si desea mayor información
acerca de la Fundación Hay, por favor, contáctenos a:

Hay House, Inc.
P.O. Box 5100
Carlsbad, CA 92018-5100

(760) 431-7695 ó **(800) 654-5126**
(760) 431-6948 (fax) ó **(800) 650-5115 (fax)**
www.hayhouse.com®

Sintonice **HayHouseRadio.com®** y encontrará los mejores
programas de radio sobre charlas espirituales con los autores
más destacados de Hay House. Si desea recibir nuestra revista
electrónica, puede solicitarla por medio de la página de
Internet de Hay House, de esta forma se mantiene
informado acerca de las últimas novedades de sus autores
favoritos. Recibirá anuncios bimensuales acerca de:
Descuentos y ofertas, eventos especiales, detalles de los productos, extractos gratis de los libros, concursos y ¡mucho más!
www.hayhouse.com®